中华先锋人物
故事汇

祝榆生

独臂总师铸铁甲

ZHU YUSHENG
DUBI ZONGSHI ZHU TIEJIA

高满航 著

党建读物出版社　

图书在版编目（CIP）数据

祝榆生：独臂总师铸铁甲／高满航著 . —南宁：接力出版社；北京：党建读物出版社，2024.2
（中华人物故事汇 . 中华先锋人物故事汇）
ISBN 978-7-5448-8471-6

Ⅰ.①祝…　Ⅱ.①高…　Ⅲ.①传记小说－中国－当代　Ⅳ.①I247.5

中国国家版本馆CIP数据核字（2024）第022390号

祝榆生——独臂总师铸铁甲

高满航　著

责任编辑：唐　玲　程　蕾　马　力
责任校对：刘会乔　李姝依
装帧设计：严　冬　　美术编辑：高春雷
出版发行：党建读物出版社　接力出版社
地　　址：北京市西城区西长安街80号东楼（邮编：100815）
　　　　　广西南宁市园湖南路9号（邮编：530022）
网　　址：http://www.djcb71.com　　http://www.jielibj.com
电　　话：010-65547970/7621
经　　销：新华书店
印　　刷：北京科信印刷有限公司
2024年2月第1版　　2024年2月第1次印刷
787毫米×1092毫米　32开本　4.75印张　77千字
印数：00 001—10 000册　　定价：25.00元

版权所有　侵权必究

质量服务承诺：如发现缺页、错页、倒装等印装质量问题，可直接联系本社调换。
服务电话：010-65545440

目 录

写给小读者的话 ········· 1

私塾里的"小老师" ········· 1

打鬼子的部队在哪儿呢? ······· 9

刺刀高手 ············· 19

一个出色的枪炮修理师 ······· 27

迫击炮变成了平射炮 ········ 37

三炮打掉了一个大碉堡 ······· 45

诡计雷 ············· 53

坑道爆破法 ··········· 61

残疾不代表残废 ·········· 67

又一个新武器	75
年过四十的"兼职学生"	81
刀枪不能入库	89
再次出马	99
要打就要打胜仗	103
99式主战坦克	107
小饭盒	113
"老破小"里的大作为	119
胸口痛的秘密	125
你去领奖也是任务	133
我只是一个老兵	137

写给小读者的话

二十世纪三十年代,中国正遭受日本帝国主义的侵略。

小时候,祝榆生就熟知"天下兴亡,匹夫有责"的道理,心底埋下了爱国的种子。当十九岁的祝榆生看到中国大地遭受日本侵略者的肆意践踏时,就再也坐不住了,他和几个伙伴一起离开重庆老家,奔赴南京打鬼子。虽然他们保家卫国的心情急切,但是打鬼子的道路却一波三折。

祝榆生先是报考了国民党的军校,没想到日本鬼子真的打来时,这所军校却撤到了大后方。祝榆生不甘心,又想方设法去江西南昌,投奔一个叫作青年志愿抗日特种工作团的组织,可是,这个组织虽有抗日之名，对抗日有益的事情却一点儿都不做。直到祝榆生奔赴延安参加了八路军，他才终于实现打鬼子的愿望。

祝榆生打鬼子是出了名地不怕死，他和战友们冒着枪林弹雨打了好几场大胜仗。祝榆生还很爱钻研，他帮战友们修理好了很多武器。要知道，那个时候日本鬼子的武器装备要比我们八路军先进太多，对我们八路军来说，多一支枪，多一尊炮，就意味着能够在敌人猛烈的炮火进攻下保护更多的战友。

再后来，祝榆生为了帮助战友们用更小的代价夺取更多的胜利，开始自己研制武器。祝榆生研制的平射炮威力大、射程远，在战场上屡立奇功。不料，在一次实弹教学中，祝榆生的右臂被炮弹炸断。虽然只剩一条胳膊，他却谢绝组织安排的轻松工作，仍和以前一样，继续探索和研制新武器。

就这样，祝榆生和战友们在抗日战争中打跑了日本鬼子，在解放战争中又打败了国民党军。全国解放后，祝榆生仍担负着繁重的工作。他先是在军校为国家培养生产武器的军工人才，后来，又直接参与新武器的研制，和同事们研制出了一大批先进武器。六十六岁时，祝榆生担任中国第三代主战坦克的总设计师，和同事们破解了一个个难题，自主研制出了世界一流的第三代坦克，让全世界都为之震惊。

祝榆生从踏上救国之路的那天起，就把一生都献给了他深深热爱着的祖国。现在，就让我们循着这位"独臂英雄"的人生足迹，一起领略他创造的一个又一个传奇故事。

私塾里的"小老师"

这天,小榆生的家里来了个亲戚。

久未谋面的亲戚早就听说过,才五岁多的小榆生不但识字,而且记忆力超群。他饶有兴趣地逗着小榆生:"你怕是背不出《百家姓》吧?"

小榆生不服气,稚嫩面庞上彰显着满满的自信。他脆生生地反驳说:"我当然背得出!不信的话,现在就背给你听。赵钱孙李,周吴郑王……"

小榆生正一字一顿地背着呢,却突然被门外的一阵欢声笑语打断,原来,一群小伙伴正在外面玩耍。小榆生原本很顺畅的背诵突然就卡住了,脑子里的百家姓早已飞远,他全部的注意力都被门外的热闹吸引过去了。小榆生把头扭向门外,想看看外面的小伙伴到底在玩什么，竟然这么开心。

亲戚还以为小榆生背不出来了，便轻声提醒他："'顾'字后面是什么呀？你想想，那个字在'顾'字后面，却在'平'字前面……"

小榆生当然知道是"顾孟平黄"的"孟"字，但这时，他已经不想继续往下背了。不等亲戚提醒的话说完，小榆生就迫不及待地拔腿向门外跑去，找小伙伴玩去了。

"榆生，你去哪儿啊？你还没背完呢。"小榆生的妈妈本来一边收拾院子，一边侧耳倾听着小榆生的朗声背诵，一抬头，却发现榆生要"溜"走了。小榆生头也不回地说："不背了，玩去喽。"

等小榆生玩够了，满头大汗回到家时，亲戚已经离开。

"妈妈，妈妈，我要喝水。"在外面玩了大半天的小榆生一进门就问妈妈要水喝。往常这时候，妈妈肯定早早就把准备好的温水递到小榆生的手里，然后一边慈祥地看着他，一边轻轻地帮他把满头的汗擦干净。

但是今天妈妈不仅没有给小榆生取水喝，还板起了面孔。她严肃地问小榆生："榆生，你实话告诉妈妈，到底能不能背出《百家姓》？"

"当然能！"小榆生诧异地望向妈妈。他有些奇怪，妈妈说话的语气怎么冷冰冰的，动作也慢腾腾的，半天也没把水递给他。小榆生有些着急了，他半撒娇半气恼地催促妈妈："快点呀，我都要渴死了。"

"你既然能背出《百家姓》，为什么没有背完？"妈妈不理会小榆生的撒娇，继续追着他问。

"因为我不想背了啊，我要去玩。"小榆生回答得理直气壮。

"你自己既然和别人说要背完整篇的《百家姓》，是不是应该背完后再去玩？"妈妈的语气好像更严厉了。

"我……可是……我……"小榆生想争辩，却又想不出恰当的说辞，此时又渴又累，他小小的自尊心受到打击，觉得极度委屈，不管不顾地放声大哭起来。

妈妈蹲下身子，抚着小榆生的背，轻轻安抚他。等小榆生平静下来后，妈妈一边给小榆生喂水，一边循循善诱："榆生，你要记住，自己答应的事情一定要做到，不能想做就做，不想做就不做；而且，不管干什么事情，都要有头有尾，不能这边的事情没干完，又去干其他的，到头来什么都干不出名堂。"

五岁的小榆生对妈妈说的话似懂非懂，但是，那些话在他心底深深地扎下了根。

六岁那年，小榆生被家人送到私塾读书。

小榆生在入学前就已经跟着爸爸认识了许多字，加上一直牢牢记着妈妈的话，只要是私塾先生当天让熟悉的生字，他都会一直练习，直到能准确读出来，迅速写出来，才安下心去睡觉。课堂上先生教授的古文，他也要求自己当天就要背下来。有时看到小榆生半夜还在点灯读书，爸爸妈妈劝他早点休息，他反倒和爸爸妈妈讲起做事要有头有尾的道理，让爸爸妈妈既欣慰又心疼。

祝榆生基础好，识字多，背诵古文也流利，因此常常受到私塾先生的表扬。有时候，先生还让祝榆生当"小老师"，让他带着同学们念课文。每次听完小榆生流畅的朗读，先生总是连连点头，并且

私塾里的"小老师"

借此鼓励其他学生要刻苦努力，向祝榆生学习。

那时候，祝榆生除了跟着先生学习，也开始自己找书看。随着年龄的增长，祝榆生的阅读量越来越大，涉猎面也越来越广。

有一天，他正翻看手中的一本书，突然目光停在了一句话上面，心里随之掀起波澜，久久不能平静。

第二天，祝榆生刚到私塾，就迫不及待地追着先生问"天下兴亡，匹夫有责"这句话的意思。先生告诉祝榆生，这句话最早出自顾炎武的《日知录》，后来，梁启超在《饮冰室合集》中又再次提到。先生并没有急于回答祝榆生提出的问题，而是先给他详细讲了顾炎武和梁启超的故事。

祝榆生听得入了迷，他被两位前辈的故事深深吸引。当听到梁启超为了民族的复兴和国家的强盛，一生都在奔走呐喊时，他不由自主地涌出了热泪。

"我长大了也要成为像梁启超一样的人！"祝榆生稚嫩的声音里充满了大无畏的豪迈。

"好样的！"先生的眼睛里闪出点点泪花，欣慰地拍了拍祝榆生的肩头。

"天下兴亡，匹夫有责。"祝榆生一字一顿地吟诵着这八个字。而这一次，他的眼里没有年少懵懂的迷惑，只有心怀天下的坚定。

一九三七年，祝榆生已经在重庆的一家银行找到了一份相对舒适的工作，但是他的心里却从来没有真正舒适过，因为祝榆生时时关注着新闻，日本侵略者在中国大地上肆意妄为的罪恶行径让他十分痛心和愤怒。

他看到，一九三一年九一八事变后，日本帝国主义侵略者蚕食中国领土，一九三二年战火燃遍整个东北。一九三五年一月，日军制造"察东事件"，迫使南京国民政府承认察哈尔沽源以东地区为"非武装区"。一九三五年五月至七月，日本又借"河北事件""张北事件"迫使南京国民政府批准日军的多项不公正要求，使河北、察哈尔两省主权大部分丧失……中华民族已经到了生死存亡的最紧要关头。

"天下兴亡，匹夫有责。"小时候让自己颇为触动的这句话，又一次涌上了祝榆生的心头。他想起了私塾先生对他的教导,也想起了自己儿时立下的铿锵誓言。这时候,祝榆生暗暗下定决心,要走上抗日救国的道路。

于是不久后,在一个雾蒙蒙的清晨,祝榆生和几个伙伴悄悄离开重庆老家,准备从南京转道去前线打鬼子,为抗日献上自己的一份力量。

打鬼子的部队在哪儿呢？

　　第一次远离家门的祝榆生和伙伴们历经艰辛终于来到了南京，却惊讶地看到，眼前的城市一片乱糟糟的景象。身边疾驰而过的汽车里，大多是载着家当出逃的有钱人家。路上的行人也都是一脸惊恐，行色匆匆。所有的车和人，好像都迫不及待地要逃离这座一片狼藉的城市。

　　这时，迫使全民族进行抗战的卢沟桥事变已经爆发。一九三七年七月七日夜里，日军突然对我驻宛平县城部队发起蓄谋已久的进攻，北平和天津相继沦陷。不久后，淞沪会战爆发，上海成为中日军队激烈交火的战场，日军的飞机还经常飞到距离上海很近的南京投掷炸弹。南京城里那时候都在传言，日本人很快就将攻陷上海，接下来就要打到南京。

祝榆生和伙伴们好不容易才拦住一个路人。

"我们想加入打日本鬼子的队伍，你知道去哪里可以找到吗？"祝榆生急切地询问。

"打鬼子？"那人疑惑地看着祝榆生和他的伙伴们，不可思议地反问，"这满大街的人都忙着躲鬼子，你们倒上这儿来找鬼子，就你们几个毛头小伙能打鬼子吗？"

那个人把他们上下打量了一番，摇了摇头，急匆匆地走掉了。

"怎么办？我们接下来去哪里？"一个伙伴垂头丧气地问。

"我们去中央陆军军官学校。"祝榆生坚定地说。虽然路人的话听上去让人非常泄气，但仔细想想，人家说的也是事实，毕竟，他们几个小年轻没有经过正规的军事训练，在战场上到底能不能打鬼子，还真是个未知数。

不过，祝榆生早在离开重庆前就已经打探清楚，孙中山先生在广州建立的黄埔军校早已经搬迁到了南京，并且改名为中央陆军军官学校。只是他们原计划一到南京就参军，直接上战场打鬼子，并没打算报考军校。现在既然一时半会儿找不到打鬼子的作战部队，祝榆生便想起这所军校——既然是军校，肯定就是培养能打鬼子的军人的，这不正合他们的报国心愿嘛！

一个伙伴率先响应祝榆生："对，军校毕业后，我们能打更多的鬼子。"

"走，考军校去！"大家最终都同意祝榆生的建议。他们找到中央陆军军官学校，报名参加了入学考试。祝榆生凭借优异的成绩，很快就接到了录取通知书，并被分配到了十四期的炮科。

炮科自然就是学习有关炮弹的知识。祝榆生对此颇为自豪，因为在那个时候，各式各样的火炮算得上是比较先进的武器。他盘算着，炮弹威力大，一定要好好学习，等练成了真本事，肯定可以消灭更多鬼子。可没想到，祝榆生还没上几节课，学校为了避开日本侵略者的频繁轰炸，又从南京迁到了后方的武昌。祝榆生不得不随学校一起转移到远离战场的武昌。

祝榆生和同学们到了武昌后，就一直处于"待命"状态。学校因为战事中断了正常的教学和训练，却又没有告知学生们何时正常开学。大家听说日本鬼子在步步逼近，都急切地想到前线去杀敌。可是，军校的学生们没有枪，甚至连军装都没有，大家就只能在后方干耗着。

"我们什么时候再回南京？"同学们不能上战场杀敌，只能关注报纸上的新闻。日本鬼子在中国烧杀抢掠，让同学们义愤填膺。每个人都希望等到报效国家的机会，击退在中国大地上无恶不作的日本侵略者。

可是呢，教官也不知道该如何回答学生的问题，只能无奈地摇摇头。

"我们什么时候能去打鬼子？"祝榆生早就按捺不住自己的怒火，干脆挑明了问。

教官深深地叹了口气，不知道该如何回应这群怀揣报国志向的热血青年。教官和学生们一样，眼看着日本鬼子在中国的土地上肆无忌惮地残害中国的老百姓，心里早就窝着火，也很想冲到前线和日本鬼子拼个你死我活。但是国民党高层无心恋战，节节后退，教官也没办法，除了无奈地接收一个又一个坏消息，其他的什么也做不了。

祝榆生在炮科结识了几个志同道合的同乡，他们有着同样的进步思想和抗日主张，也同样因为不能为国效力而感到烦闷憋屈。

"难道我们就这样一天一天在这里浪费时间吗？"有一天，一个同乡终于把憋在大家心里的话说了出来。

"咱们还是得想办法去打鬼子。"祝榆生率先提议。

祝榆生告诉大家，他刚从报纸上得知，南昌成立了一个青年志愿抗日特种工作团，专门招募有志于抗日的爱国青年。他拿出藏在衣服里的报纸，坚定地对大家说："我们与其在这里坐以待毙，还不如痛痛快快去杀鬼子。"

"对啊，我们上这所军校本来就是为了打鬼子。"一个同乡立即支持祝榆生的提议。

"我们一起离开这里，去能打鬼子的地方。"大家很快就达成了一致意见。

不久，经过秘密筹划，祝榆生和几位同乡离开了军校，前往江西南昌。战火纷飞的年代，祝榆生和伙伴们一路上经历了好几次险情，经过多日颠簸，终于有惊无险抵达了目的地，找到了青年志愿抗日特种工作团。

到了目的地以后，祝榆生和几个同乡才知道，这个工作团属于国民党第三战区，是个相对松散的自由组织，主要工作是组织抗日培训、宣传抗日思想。与此同时，工作团还有一项极为特殊的任务，就是收容那些和部队走散的国民党士兵，配合正规军打游击。

"你们是从哪里来的？为什么要加入我们的工作团？"报到时，负责接待的工作团军官问祝榆生。

祝榆生和这位军官讲起了他这一路上的辗转不易和从未改变的抗日决心，除此之外，祝榆生还详细地陈述了自己的抗日主张。

"太好了！我们正需要像你这样一心报国的热血青年。"听完祝榆生发自肺腑的发言，军官大喜过望，握着祝榆生的手一个劲儿赞叹。

随即，祝榆生不仅顺利地加入工作团，还被任命为一分团的少校中队长。此时，惨烈的淞沪会战已经结束，日本侵略者不但攻陷了上海，也侵占了南京。南京的国民政府仓皇出逃，把首都也迁到了后方的重庆。

日本侵略者没有遇到可以阻挡他们的武装抵抗，战火从东往西迅速蔓延，日军甚至叫嚣着："三个月灭亡中国。"

原本想到抗日特种工作团打鬼子的祝榆生失望地发现，这个工作团根本不上前线，他仍然打不了鬼子。祝榆生很无奈，只好退而求其次地想：即使不能上前线面对面地打鬼子，能为抗击日本侵略者做一些力所能及的事也行啊。可是，祝榆生很快又意识到，这点小小的愿望在特种工作团也根本无法实现。

特种工作团只有不到一百人，却天天窝里斗，谁也不服谁，谁也指挥不动谁，哪里还能分得出哪怕一丁点儿的时间和精力，去筹划怎么打鬼子？

祝榆生看在眼里，急在心里，却没有丝毫办法。他虽然名义上是个少校中队长，手下却没有一个兵，自然是什么事情都做不了。

就在一筹莫展的时候，祝榆生从报纸上得知：陕西延安有一支共产党的部队。在这之前，祝榆生已经读到多篇有关共产党抗日的新闻。自从得知共产党的部队北上抗日的消息后，祝榆生就更加清晰地意识到：共产党的队伍才是抗日救国的队伍。他暗自计划，无论如何都要成为八路军队伍中的一员。

有一天，一个同伴悄悄告诉大家一个消息：八路军在延安办了个中国人民抗日军事政治大学（简称"抗大"），专门招收抗日青年。这个消息犹如一簇火苗，让祝榆生突然觉得他们的抗日道路有了真正的希望，他急切地问同伴："我们能不能报考？"

"当然能，我们团已经有一些人约好了，要一起去报考抗大。"同伴回答。

"太好了！"不知道为什么，祝榆生心里有一种感觉，这一次他找到了正确的方向。

不久，祝榆生找了个理由，离开了这个有抗日之名却无抗日之实的特种工作团。他从南昌到汉口，再乘火车北上西安，经过一番波折，终于找到了八路军设在西安的办事处。没想到好事多磨,由于祝榆生身上没有能证明自己身份的介绍信,办事处没有办法接收他。

正在一筹莫展之际,祝榆生幸运地碰到一对兄弟,他们和祝榆生是同一趟火车到的西安。当他们得知祝榆生的遭遇后,便热情地邀请祝榆生和他们一起前往与西安相隔不远的甘肃庆阳,寻找他们的胞兄。祝榆生暂时没有其他更好的办法,便欣然和他们同行。

到了庆阳,祝榆生才知道,兄弟俩的胞兄是八路军一二九师三八五旅的参谋长耿飚。他随兄弟俩在三八五旅住了一段时间。在这段时间里,祝榆生不仅进一步了解了八路军,自己也接受了八路军的考查。随后,祝榆生带着三八五旅给他开的介绍信辗转来到延安,终于如愿加入八路军这支抗日救国的队伍。

刺刀高手

"红日照遍了东方,自由之神在纵情歌唱!看吧!千山万壑,铜壁铁墙!抗日的烽火,燃烧在太行山上……敌人从哪里进攻,我们就要他在哪里灭亡!"这是祝榆生和战友们在延安经常唱的一首歌。

祝榆生顺利到达延安后,最开始是被分配到抗大当学员。那段时间,他一面如饥似渴地学习共产党的方针政策和抗日主张,一面废寝忘食地提升打鬼子的战斗本领。

一九三八年十月,祝榆生由同在抗大学习的两位同志介绍,正式加入中国共产党。在抗大学员中,祝榆生算得上是较早入党的一个,他高兴极了，终于如愿实现了自己追逐的梦想。那时，他才只有二十岁。入党宣誓那天晚上，祝榆生在心底一遍遍地告诉自己：我既然加入中国共产党，那么从此以后，自己的青春和生命就属于这个能拯救民族的组织了。他也深知，组织入党一生一次，思想入党一生一世，既然选择了马克思主义，就一定要牢记在党旗下许下的铮铮誓言，一生一世践行自己的郑重承诺，忠于党，忠于人民，跟着共产党走，干一辈子革命。

祝榆生秉持着"不怕困难，不怕牺牲，为共产主义事业奋斗到底"的决心和意志，思想认识不断加深，军事素质也有了极大提升。随后，他以优异的成绩从抗大毕业，被分到一一五师，随部队开赴山东，与日军作战。

一一五师刚进山东就打了个大胜仗，歼灭伪军八百多人。这也引起了日本鬼子的警觉，狡猾多端的鬼子想趁一一五师立足未稳之际，派重兵把他们全部消灭。于是，日本鬼子调兵遣将，很快纠集了八千余人，分成九路，气势汹汹地向根据地发起了猛烈进攻。

战斗打响后,早有准备的敌人凭着人数优势占据了主动。"你们已经被包围了,赶快出来投降吧!"日军队伍里的翻译官向八路军嚣张地喊话。

八路军战士对着翻译官开了一枪,差点把翻译官的扩音器打掉。翻译官受到惊吓,缩在地上再不敢起来。趁着夜色围拢上来的敌人也受到惊吓,忙不迭地伏在地上,很长时间都不敢再贸然前进。

"抓活的,一个都不要放过!"过了好一会儿,一个伪军头目才又站起身来,催促其他的伪军继续进攻。

"同志们,给我狠狠地打!"面对敌人的步步紧逼,我方指挥员一声令下,反包围战斗打响了。

八路军一一五师师部和根据地党政机关三千多人,面对八千多日伪军的围攻,沉着应战,一次次将敌人击退。因敌我力量悬殊,虽然最终胜利突围,消灭了一千三百多敌人,但我们也牺牲了二百多名战士。在这场战斗中,祝榆生不仅亲身感受到战友们的英勇善战,同时也目睹了许多战友壮烈牺牲的惨烈场景。好几位战友打光子弹后,只能用刺刀和敌人近身相搏,却因寡不敌众,英勇地牺牲在了战场上。

"不光打枪要打得准，拼刺刀也要拼得赢才行。"战斗结束后，一位身经百战的老兵再一次向祝榆生传授经验。这位老兵之前也经常说这句话，但祝榆生一开始很不以为意。他觉得，现在都已经是热兵器时代了，战场上最管用的就是枪和炮，只要大炮打得准，射击射得中，就必定能大量消灭敌人，最终取得战斗的胜利。至于拼刺刀，他觉得落伍了，也用不上，所以平时并没有按要求进行严格训练。

这场惨烈的战斗打下来，祝榆生才深刻意识到老兵说得一点儿也没错：日本鬼子的枪炮性能远胜于八路军，但他们仍然苦练拼刺刀的技能。而我们在枪炮上的劣势，绝对不能再延续到拼刺刀上；而且枪炮装备的劣势一时半会儿难以扭转，但拼刺刀的技巧却完全可以短时间内提升。

想通这一点后，祝榆生只要有空，就出现在训练场上，一招一式反复练习。不仅苦练拼刺刀技能，祝榆生还会思考"刺杀术"怎么使用才能让敌人防不胜防，避之不及。经过一段时间训练，祝榆生的单兵作战能力突飞猛进。

不久后,祝榆生随小分队外出执行任务,没想到回来时与一小队日军迎面遇上。

"停!卧倒!"祝榆生率先发现敌人,赶紧警示战友。

祝榆生观察了一下,日军人数比他们多了很多,但是他心里一点儿也不慌。祝榆生迅速分析地形和敌我双方兵力分布情况后,与战友们商议,分成几路悄悄抵近日军。等日本鬼子觉察的时候,他们那些性能优异的枪呀炮呀已经派不上用场,只能被动近身搏斗。

日本兵自恃拼刺刀的技术高超,见祝榆生和战友们冲到眼前,他们并不惊慌。可是,当第一个应战的日本兵被祝榆生轻松挑翻后,其余日本兵瞬间紧张起来。日军很快发现这个八路军战士不能小瞧,眨眼的工夫,他们就被挑伤了好几个。

面对敌人的轮番进攻,祝榆生左右腾挪,在战友的配合下,干净利落地把这一小撮日军击得鬼哭狼嚎。敌人接连折损,变得惊慌失措,四处逃窜。祝榆生和战友们哪能放过敌人,他们乘胜追击,凭着手上的刺刀一举消灭了这一撮日本兵。这一场战斗打得畅快，让祝榆生和队友们士气大振。

但是，战争始终是敌我生死对决。在不久后的一次短兵相接中，祝榆生再一次与死亡擦肩而过。原本祝榆生以为这场战斗会很快顺利结束，因为他和战友对近身搏斗已经很有信心了。没想到祝榆生本来已经敏捷躲过了一个日本兵的刺刀，反身正要回击敌人时，猛然觉得脚跟一阵冰凉。他扭头才发现，身后突然冒出一个偷袭的日本兵。幸好祝榆生反应极快，就地翻滚，躲过了偷袭者的再次攻击，只几个回合，就把那个偷袭的日本兵打翻在地。

这时候，祝榆生才觉得脚跟的冰凉感变成了刺痛感。他低头一看，一只鞋子已经被血浸透，原来刚才偷袭他的日本兵刺中了他的脚跟。只不过，祝榆生那会儿杀敌心切，加之精神高度紧张，一时竟没有感觉到疼痛，直到把敌人击翻，那钻心的痛感才汹涌袭来。

事后，医生对祝榆生说，只差毫厘，他的跟腱就会被刺断。祝榆生心里清楚得很，如果当时跟腱真的被刺断，他必然一时半会儿无法动弹，在那个你死我活的节骨眼儿上，他一点儿存活的机会都没有。

"哎呀，这么说来，我又捡回了一条命。"祝榆生竟还乐呵呵地开起了玩笑，仿佛在鬼门关前走了一遭的不是自己。

战友们得知祝榆生的小分队在和日本兵的几次短兵相接中以少胜多，都很好奇他当时怕不怕。

祝榆生坦诚相告："在战场上，怕，解决不了任何问题；只有不怕，才可能打败敌人，获得胜利！我要是不一挑多，他们就多挑一，反正不是你死就是我活，那就拼一把吧！"

"对！我们不怕牺牲，才能减少牺牲！"祝榆生刚讲完，就得到了战友们响亮的回应。

不过，战友们不知道的是，祝榆生自己还在思考另一个问题：敢于战胜敌人和能够战胜敌人，是完全不同的两件事。为了拯救陷于危难的祖国，他和战友们必须去战斗，但是，有什么办法可以帮助战友们减少牺牲，并且以最小的代价夺取更多的胜利呢？

一个出色的枪炮修理师

抗日战争期间,我们和日本侵略者之间装备的差距太大了。日本鬼子有飞机、大炮、坦克、机关枪,而八路军有时连步枪都不能保证人手一支,有些战士甚至只能用大刀和长矛跟敌人去拼命。

当时有首歌这样唱:"没有枪,没有炮,敌人给我们造。"歌词的意思倒不是说日本鬼子发善心,主动给我们造枪炮,而是说,我们八路军兵工厂很少,自己制造的武器非常有限,所以许多武器都是打了胜仗之后从日本鬼子那里缴获的,然后再用来消灭日本鬼子。

但是枪炮使用久了,肯定会有损毁,而我们又缺乏修理的条件和技术,所以很多时候,战士们是拿着"半残"的武器和敌人殊死搏斗。就是在此期间,祝榆生经历了一次让他痛心疾首的战斗。

那一次由于敌人龟缩在阵地上不出来,战争进入胶着状态,我军组织突击队强攻了好几次,却都因为敌人碉堡的火力太猛,始终无法攻下敌人的阵地。显然,想要取得胜利,就必须先炸掉敌人的碉堡。于是营长命令机枪手掩护一连抵近敌人,炸掉碉堡。

"机枪手,给我狠狠地打!"营长扯着嘶哑的嗓子发出命令。

"是!"机枪手迅速就位。

就在一连战士准备冲锋的前一刻,机枪手突然大喊:"等等!子弹不够了!"

"谁那里还有机枪子弹?"营长冲着阵地急切大喊。

"报告,我知道哪里有!"一个看着不过十七八岁的小战士大声回应。

"好!赶快送来!"战场上每一秒都生死攸关,营长着急得直踱步。

过了好一会儿,一名战士才扛着一箱机枪子弹回到阵地。营长刚要批评他,突然发现眼前的这名战士并不是刚才自告奋勇去取子弹的战士。这是怎么回事?

营长一问才知道,我们其实根本没有子弹可用,原来那位小战士所说的"取子弹",不过是几位战士临时组成了一个敢死小分队,冒死绕到敌人阵地后面杀了几个防备松懈的敌人,缴获了他们的子弹。因为我们的机枪也是从敌人那儿缴获的,所以敌人的子弹肯定能用。

但是这个计划太过危险,那位自告奋勇去取子弹的小战士牺牲在回来的路上,其他几位战士也受了不同程度的伤,只有这位来送子弹的战士幸运地躲过了敌人的射击。这位小战士和第一位站出来领命的小战士一样,脸上的稚气还未完全退去,可眼神却十分坚毅。

"你们是好样的!"营长强忍住眼里的泪花,大吼一声,发出了冲锋的命令。

装上子弹的机枪猛烈地向敌人的碉堡射击,压得敌人抬不起头,一连的战士也快速抵近了碉堡。眼看冲锋到了最关键的时刻,没想到我们的机枪又哑火了。狡猾的敌人察觉到外面攻击的火力突然减弱，立即探出头来，开始疯狂地向冲锋的八路军战士射击。没有了机枪的压制和配合，冲在前面的战士成片地被击中后倒下。

机枪手急切地一下又一下扣动扳机，机枪却丝毫没有反应。

"打呀，快打呀！"营长大声嘶吼，恨不得把自己的愤怒变成一连串射向敌人的子弹。看着倒在敌人枪口下的战友，机枪手心如刀绞，但任凭怎么扣动扳机，机枪都毫无反应。

"撤退！"营长用嘶哑的声音发出最后的命令。一场眼看就要取得胜利的战斗不得不终止。

机枪手涨红的眼睛里全是泪水。几位战友用生命换来的子弹和夺得胜利的机会，却因为机枪的问题功亏一篑，反而让更多的战友永远地倒在了战场上。机枪手无法原谅自己，也不想再见到这把"掉链子"的机枪，他狠狠地把机枪摔在了地上。

几乎没有人注意到，祝榆生默默地把哑火的机枪带了回来。

这次战斗的失败，让祝榆生发现一个问题。那个时候，八路军的兵工厂屡次遭受日本鬼子的破坏，战士们的武器补充本来就非常困难，而一旦战友们拿着破损的武器上战场，就有可能会面临更大的伤亡。祝榆生意识到，他一直想找的减少战友牺牲的办法好像就在眼前——如果他能学会修理武器，再不让战友们拿着残损的武器甚至大刀、长矛上战场，不就可以在一定程度上减少战友的牺牲，增加夺得胜利的机会吗？

虽说祝榆生之前从来没有学习过军械修理，但从那一刻起，他觉得排除这挺机枪的故障就是他义不容辞的责任，是他应该扛起的担子。

当天晚上，他把这挺失灵的机枪拆了装，装了又拆，差不多忙了个通宵。第二天一大早，这挺"不争气"的机枪被祝榆生重新组装好，架在了驻地的院子里。

"还把它摆在这里干什么？"机枪手一看见这挺"不争气"的机枪，气就不打一处来，别说把它拿起来了，机枪手连看都不愿意看到它。

"你先试试。"祝榆生理解机枪手的心情，温和地劝慰他。

毕竟是跟了自己多年的"老伙计"，机枪手架不住祝榆生的劝说，终归忍不住试着扣了扣扳机。刚一上手，爱枪如命的机枪手就发现这挺机枪已经恢复了往日风采，他又惊又喜，情不自禁地把机枪紧紧地抱在了怀里。后来，这挺机枪跟着一个又一个机枪手，在很多次战斗中发挥了重要作用。

从这之后，祝榆生开始认真思索怎样才能把一些已经派不上用场的武器变废为宝。在部队休整时，祝榆生有意识地把队伍里的枪炮拿过来研究。大家觉得已经没法修理的武器，他也会捡回来，当成宝贝一样捧在手里仔细摩挲，把部件反复地拆开再组装。

为了研究武器，祝榆生很多时候连饭都顾不上吃。战友们一开始还和祝榆生开玩笑，说他是不是在想什么制敌妙计。没过多久，战友们就确定祝榆生应该是在练一项"秘密技能"。

有好几次，战友们随手给祝榆生的报废武器，竟然都神奇地"重生"了。这一下，祝榆生"军中鲁班"的名气逐渐传开，大家都知道他有一双能将武器变废为宝的巧手。

一个出色的枪炮修理师

"祝榆生，你帮我们看看这个能不能修。"

有战友拿来了"三八大盖"，有战友扛来了"汉阳造"。甚至有一回，几个战友竟然抬来了一门步兵炮。

对于"伤残"武器，祝榆生来者不拒。由于八路军的武器大多是在战斗中缴获的战利品，所以无论是枪还是炮，型号和款式都非常庞杂，制造原理不一样，各种零件也不一样，这就给祝榆生的修理工作带来很大难度。

但是祝榆生从来没被这些问题难倒过，只要是送到他手里的武器，他就一定要研究透，想方设法让它们恢复战斗力，重回抗日的战场。

祝榆生让残破武器"起死回生"的技能，更让他在战斗现场成了人见人爱的"香饽饽"。

"祝榆生，祝榆生在哪里？二连的炮怎么不响了？快去看看什么情况！"一次战斗中，营长在一片枪炮声中急切地寻找祝榆生。

"到！"祝榆生很快就冒着枪林弹雨匍匐到了二连的阵地。

"你可算来了，快看看这炮是咋回事！"二连长急得把军帽抓在手里,恨不得当作手榴弹投掷到敌人的阵地上。

"炮筒过热导致零件膨胀。"祝榆生一摸炮筒,立马就诊断出问题所在。他拆开炮筒,迅速用铁锹就地挖坑,将炮筒埋到土里降温,然后重新把炮筒组装好,让炮手再次瞄准目标。这一次,炮弹果真顺利打了出去。

"哎,你真是神了!"二连长扭头夸奖祝榆生,却发现祝榆生已经再次冒着枪林弹雨,匍匐着返回了自己的战位。

迫击炮变成了平射炮

经过几次战斗,日本鬼子变得更加诡计多端,他们开始采取分割包围的方式进攻八路军部队。这是什么意思呢?就是日本鬼子在根据地周围砌土围子、挖沟堑、造碉堡,把八路军部队围得密不透风,然后再调集重兵攻打。八路军战士们虽然英勇奋战,但每次突围都要付出惨重的代价。

这一次,日本鬼子又步步紧逼围了上来。

"冲呀!"随着我方迫击炮密集地发射,战士们向敌人发起了新一轮进攻。

可是,迫击炮却没能炸掉日军的碉堡。虽然有一发炮弹落在敌人碉堡的顶部,但只炸出了一个不大的缺口,既没能端掉碉堡,也没能摧毁敌人碉堡里的火力网。碉堡里的敌人更加肆无忌惮向冲锋的战士们疯狂扫射。

眼看倒下去的战友越来越多，祝榆生心里着急，迅速跑到炮手身边。此时的炮手已经一身尘土，几乎看不清原来的模样了。在祝榆生的协助下，炮手又连续打出好几发炮弹，敌人坚固的碉堡才最终坍塌。没有了敌人密集的火力压制，战士们很快冲出了敌人的包围圈，取得了反包围的胜利。

这场战斗虽然结束了，祝榆生的反思却没有结束。只要一想到倒在敌人碉堡前的那些战友，祝榆生就心如刀绞，悲愤之情久久无法平复。

祝榆生在战斗总结会上沉重地说："虽然这场战斗我们取得了胜利，但是牺牲太大了。如果我们无法想出快速打掉敌人碉堡的好法子，以后会有更多的战友倒在敌人的枪炮之下。"

"快速打下碉堡，就要用平射炮，可是我们……"炮手话说一半就戛然而止，继而发出一声沉重的叹息。

祝榆生当然知道炮手叹息里的无奈。什么是平射炮呢？相较于曲射炮，平射炮的炮弹除了有瞬发引信，还有延时引信，这样炮弹能在穿透碉堡壁后再爆炸，所以也只有平射炮，才能更加有效地炸毁敌人的碉堡。

可是，又从哪里去弄平射炮呢？要知道，我方的兵工厂屡遭日本鬼子破坏，连基本的枪弹都无法足量供应，更不要说平射炮了。所以战友们虽然经常提起这个话题，但每次都是以一声无奈的叹息结尾。

但这一次，祝榆生不想让这个问题再在大家的叹息中搁置下去。他萌生了一个具有挑战性的想法：既然我能修武器，为什么就不能试着造武器？

"我们自己造平射炮。"祝榆生无比坚定地说。

"我们自己怎么造？"炮手惊讶地盯着祝榆生，以为自己听错了。

"该怎么造就怎么造！自己动手，丰衣足食。"祝榆生胸有成竹地说。

第二天一大早，祝榆生就把这个想法汇报给了上级领导。上级领导知道祝榆生平时就爱琢磨武器，再加上部队也的确急需平射炮，当即把这个任务交给了祝榆生。

随后一段时间，祝榆生全身心投入到了平射炮的研制中。

祝榆生最初的想法是把迫击炮改造成平射炮。怎么改呢？祝榆生提出了几个关键点：首先，将迫击炮的击发装置由撞针击发改为拉火击发；其次，将迫击炮的间接瞄准镜改为直接瞄准镜；再次，舍弃迫击炮的底座，重新制作火炮支架；最后，增加水准器，校准炮身水平，以便直接使用直瞄镜瞄准目标。

祝榆生的想法得到工兵连和兵工厂战友的认可，大家都觉得他提出的改装方案具有一定的可行性。于是，祝榆生便开始加班加点绘制平射炮的设计图纸。

图纸是很快就绘制出来了，可是，祝榆生却遇到了一个更大的难题。要想改造出平射炮，需要用到一系列专业设备，可是，当时深藏在山沟沟里的简陋兵工厂，别说机床、电锯这些专业设备，就连最基本的电都没有通。

战友们有些灰心："这可怎么办？难道我们的平射炮制造计划就只能继续搁置吗？"

就在大家以为平射炮的改造计划已经无法再推进时，他们却惊讶地发现，祝榆生压根儿就没打算放弃。他早已经撸起了袖子，自个儿先干了起来。没有电，祝榆生就采取最原始的手工操作。没有专业设备，他就用铁锤锻打。反正他是铁了心，哪怕以最落后的方法，也要生产出部队需要的武器。战友们敬佩地赞叹说："就算没有金刚钻，祝榆生也干得好手中的瓷器活儿。"

功夫不负有心人。祝榆生带领着几个战友，在看似不可能的情况下生产出了一个个新零件，经过多次组装和反复试验，祝榆生和队友们自制的平射炮迎来了它的第一次出场。

试射场上，所有人都很激动，大家迫切地想看看这架可以说是"凭空"造出的平射炮，是不是具备理论上的强大威力。

祝榆生的心情更是既期待又忐忑。他比谁都更想知道自己造出来的平射炮能不能发射成功。这一天，试验场上的祝榆生既是指挥员，又是操炮手。随着一声口令的发出，祝榆生拉动了击发机。

但是，这架平射炮的发射情况好像有点不对。

虽然炮膛里的炮弹顺利打了出去，却很快跌落在距离炮口不远的地方。得亏用的是模拟砂弹，如果用了实弹，后果不堪设想。

祝榆生有点不甘心，又打出第二发炮弹。没想到第二次的击发情况更糟，炮弹竟然都没能打出去。这究竟是怎么回事？祝榆生心里隐隐生出一丝不安，重新调整了设备，又打出第三发炮弹。但是第三发炮弹仍和第一发一样，发射出去没多远，就掉落在地上，而且这次掉落的距离更近，连带着炮架和炮管都震倒了。

连续三发炮弹的击发失败，让所有参与研制的战士心里都不太好受，他们更明白，这次试验失败最受打击的不是别人，而是祝榆生。正当大家想着怎么上前安慰祝榆生时，却看到他正神色平静地俯身在平射炮前，一如既往地研究着每个部件，不停地调试，看不出一丝烦躁。

过了一会儿，祝榆生站起身来，笑呵呵地说："我看呀，咱们还是有不少收获的。"

"这试验都失败了，还能有什么收获？"战友们不解地看着他。

"从今天的试验情况看,我们的拉火装置、瞄准镜、水准器都是很成功的,只不过是支架出了点小小的问题。可这对我们来说,又算得了什么大难题呢?"听上去祝榆生倒是乐观得很。

看着祝榆生胸有成竹的样子,大家挫败的心情不知不觉舒缓了下来。对啊,造平射炮这么大的一件事,怎么可能一次成功?

接下来,祝榆生和战友们对平射炮的支架进行了集中攻关。他们重新对图纸的改造方案进行核对,同时对所有生产环节反复确认,终于找到了第一次试验失败的症结所在。最终,祝榆生和战友成功解决了新造平射炮存在的支架问题。

一九四三年初,祝榆生和战友们带着他们改造的平射炮再次在军区进行射击演示。随着口令的发出,操炮手祝榆生拉动了击发机,一枚炮弹在一声震响中飞出,直击两百米外的目标碉堡。

"中了,打中了!"

"成功了,我们成功了!"

人群里发出震耳欲聋的欢呼声。战友们飞奔过来,紧紧地抱住祝榆生。所有人都知道这架平射炮的成功发射，对我们以后的战斗意味着什么。

很快，祝榆生和他的平射炮走上了消灭日本侵略者的前沿战场，在一场场反包围中打掉了敌人的一座座碉堡，帮助我们的军队取得了一次次胜利。

三炮打掉了一个大碉堡

一九四三年十一月,日本鬼子再次发起了对八路军根据地的"大扫荡",妄图包围和蚕食祝榆生所在的八路军部队。与此同时,日本鬼子又急切督促驻扎在赣榆县城的伪军出兵攻打八路军,以策应他们的"大扫荡"。

不过,这里的伪军早被八路军打怕了,虽然收到了日本鬼子让他们全力攻打八路军驻地的命令,但是他们压根儿就不敢出城,只是龟缩在赣榆城里等待机会。

"我们出去虽然打不过八路军,但是这赣榆城他们也打不进来。"这拨伪军盘算得倒挺好,既不想白白送命,又妄想能以守待攻,挡住八路军的前进步伐。

这时，八路军也早就得到了日本鬼子要发起"大扫荡"的情报，几乎同一时间，八路军山东滨海军区调兵遣将，率先发起了对赣榆县城伪军的进攻。

赣榆城里的老百姓对欺压乡里的伪军恨之入骨，他们早就盼望着八路军赶快到来，把所有伪军都赶出去。所以战斗刚打响，赣榆县城的老百姓就主动给予八路军各种帮助，有的给八路军指引道路，有的帮助八路军传递情报，还有的干脆直接加入攻打伪军的队伍。伪军本就没底气，很快就被八路军攻破多重防线，而剩下的伪军则全部退守到了一座坚固的城楼里。

"求求你们了，八路军长官，你们不要再打了，我们谈谈！"眼看八路军又要对城楼发起攻击，伪军无奈地大喊着求饶。但是八路军很快就看出来，虽然嘴上求饶，但实际上伪军并不打算缴械投降，他们只是想拖延时间，等着日本鬼子来救援而已。

见八路军揭穿了自己的阴谋，伪军知道他们假装投降这一招是行不通了，一时间恼羞成怒，从城楼里向八路军发起疯狂的反击。伪军所在的城楼很坚固，周围还被铁丝网圈得严严实实，我方的曲射炮打不穿城楼，冲锋的战士一时半会儿也攻不上去。可要是不能迅速拿下伪军，等日军支援部队一到，这场仗就更不好打了。

大家都意识到了情势的危急，但一时又想不出应对之策。

这个时候，指挥员想到了祝榆生和他的平射炮。很快，祝榆生奉命带领平射炮班到达战场。

这时候，黑色的夜幕仿佛被缓缓地拉开，天光从四周慢慢地铺陈开来，周围的景物逐渐看得清晰真切。战士们很清楚，敌人居高临下，一旦天亮，我军战士所在的方位将一览无余。如果敌人利用地形和武器的优势进行回击，我军必定损失惨重。

"行不行？天快亮了，留给我们进攻的时间没有多少了。"指挥员急切地询问祝榆生。

"天亮之前必定拿下！"祝榆生坚定地立下了军令状。

伪军看到进攻停了下来，还以为八路军对城楼久攻不破，不得已撤军了。他们瞬间得意起来，对外叫嚣了一通后，就放心地在城楼里睡起了大觉。

"我建议，先把敌人赖以顽抗的碉堡打掉。"祝榆生经过一番观察后，果断地提出了自己的意见。

"先打碉堡？"指挥员面露难色，他皱着眉头解释说，"这个碉堡坚固得很，着实不好打，我们刚才一连打了四五发炮弹，愣是连个豁口都没打出来。"

"就打碉堡。锁定同一个目标，先打三炮。第一炮使用延期引信，等炮弹钻进碉堡再使其爆炸，后面两枚使用瞬发引信。"祝榆生把炮弹具体落点选定在了敌人碉堡的底部，并把每个步骤解释得很清楚。

"然后呢？"一个战友似乎还在等着祝榆生说第四发、第五发炮弹的落点。

"没有然后，三发炮弹解决问题。"祝榆生胸有成竹地说。

"可是……"战友的心中显然还存着疑惑，刚才好几发炮弹都没能打出豁口的碉堡，到祝榆生这儿，真的就能用三发炮弹摧毁吗？

"没有什么可是,准备战斗吧!"祝榆生没时间做更多解释,他已经走上了自己的战位。

"看你的了!"指挥员拍了拍祝榆生的肩膀。

"好!"祝榆生坚定地点了点头。这一刻,他的允诺,不仅关系着一场战斗的胜负,也关系着战友的生与死。

战友们在战壕里屏息等待着平射炮的轰响,做好随时冲锋的准备。

"准备——发射——"祝榆生沉着冷静地发出口令。随着暗夜里的一声啸叫,炮弹穿墙而入,精准打透碉堡底部,随即发出了巨大的爆炸声。而后面两枚炮弹也按照计划,全部精准地穿入碉堡底部,瞬间爆炸。正在酣睡的伪军猝不及防,死的死,伤的伤……

随着一串急促的冲锋号声响起,八路军战士跃出战壕,发起冲锋。

伪军眼看大势已去,再无心恋战,一千六百多人争先恐后地举起双手投降。赣榆县城宣告解放。

"小祝,你改装的平射炮简直神了!三发炮弹就击溃了敌军!"战斗结束后,主攻团政委拍着祝

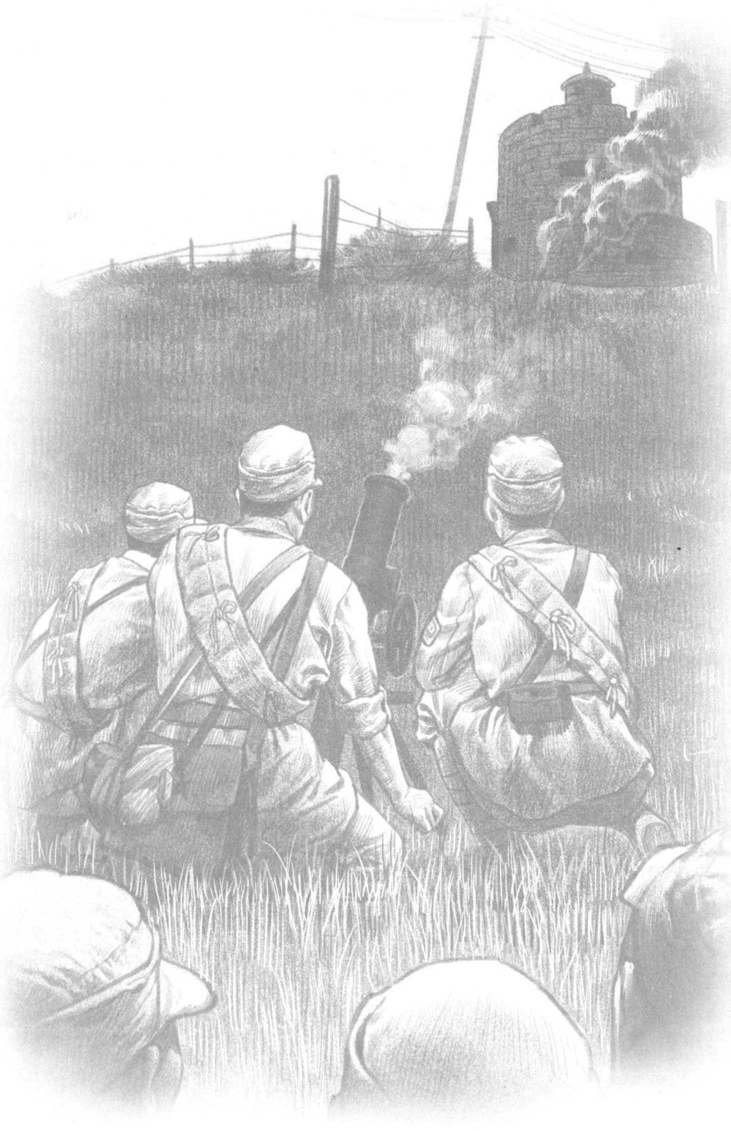

榆生的肩膀表达由衷的敬佩。

"这都是大家的功劳。"祝榆生挠着头,谦虚地回应。

从此,祝榆生"三发炮弹击溃敌军"的故事被传为佳话。

这场解放赣榆的战斗不但成为"政治攻势与军事打击相结合"的典型战例,刊登在《延安日报》头版头条,后来还载入《中国人民解放军战史》《中国大百科全书·军事卷》《第二次世界大战大事纪要》等史籍。这也意味着祝榆生和他的传奇战例,一起成为军史不可磨灭的一部分。

诡计雷

有一天上午,在根据地外围警戒的哨兵突然发出警报:"鬼子又来了,大家赶快隐蔽!"

而此时,祝榆生正和几个战友在兵工厂研制新武器。

"鬼子有多少人?"祝榆生淡定地问哨兵,他自己竟然没有一点儿撤退的意思。大家心里清楚,祝榆生舍不下手中的设备。如果日本鬼子人数少,他宁可跟他们拼一回。

"快撤退吧!来的是大部队。"哨兵强调。

这已经不知道是日本鬼子第几次上门挑衅了。那段时间,日本鬼子接连吃了几次败仗,便有了新的算计。日本鬼子每次来犯,都是最先扑向兵工厂，把能抢走的武器全都抢走，抢不走的武器或者设备就拼命捣毁，捣不毁的，他们就用炸药炸，直到兵工厂化为废墟才善罢甘休。日本鬼子的目的很明确，他们就是要毁掉八路军的兵工厂，阻止八路军生产出枪弹，这样八路军就只能用大刀、长矛应对他们的长枪短炮，这样力量悬殊的对战，他们自认为胜算必然更大些。

"走呀，快撤！"战友们迅速向兵工厂外撤退，见祝榆生纹丝不动，都急切地催他。

"可设备不能就这么摆这儿啊！"祝榆生搂着一台设备急得直跺脚。距离敌人上次的"大扫荡"过去还不到一个月，八路军兵工厂的设备在大家的努力下刚刚恢复运转，祝榆生怎么可能舍得刚修好的设备再遭到敌人的破坏？

顾不上越来越近的枪声，祝榆生和战友一起拼尽全力把设备拉到兵工厂的墙角，再在上面盖上杂物和稻草做掩护。虽然祝榆生也知道这样做并不一定能保全设备，但是哪怕有一点点希望，他也决不肯放弃。

嗒嗒嗒……嗒嗒嗒……日本鬼子的枪声越来

越密。

"再不走就真的来不及了!"一名战友急了,拉着祝榆生的衣服就往外拽。

祝榆生和战友刚撤离到安全地带,日本鬼子就来了。鬼子气势汹汹地冲进根据地,见不着人,就胡乱地放枪,接着又放火点燃了几处房子和柴草垛,不一会儿,滚滚黑烟就笼罩在了根据地上空。

好不容易等来鬼子撤退的信号,祝榆生第一个冲回兵工厂的厂房。可是,他最后的一点儿希望也破灭了。鬼子不但找到了他藏起来的设备,而且连砸带炸,莫说再修复,就连一个完整的零件都拆不下来。

"要是鬼子时不时来破坏一次,我们的兵工厂一枪一炮都造不出来!"一个战友看到被砸成一堆废铜烂铁的设备,痛心地说。

"决不能让他们为所欲为!我们一定会让鬼子为这一切付出代价。"祝榆生攥紧了拳头,似乎已经有了自己的主意。

随后几天,祝榆生废寝忘食地投入到一种新式地雷的研制中。

当祝榆生拿出自己的研究成果时，战友们一时间竟然都没有看明白这个新武器的玄机。说它是地雷吧，却和普通的地雷不同。普通的地雷引信在顶端，而祝榆生手上的这颗地雷却有两根引信，一根在最上边，一根在最下边。另外，普通地雷里面包裹的只是爆炸物料，而祝榆生却在这个新式地雷里多包裹了一只装着硫酸的小瓶子。战友们既不知道硫酸有什么用，也不知道他这个地雷的两个引信要怎么引爆。

"你这个新式地雷究竟是个什么原理？"有战友终于禁不住好奇，问出大家共同的疑惑。

"打鬼子的原理。"祝榆生故意卖了个关子。

战友们知道，祝榆生点子多，尤其是在新武器的研制方面，他似乎有着无穷无尽的好主意。他们也清楚，祝榆生既然这么设计，就一定有他的道理，于是也不再追问，只等着日本鬼子再上门，亲眼看看祝榆生这个新式武器的威力。

这一天很快就来了。不过这一次祝榆生和战友们没有因为敌人的破坏行动而气愤，倒是恨不得鬼子来得更多一些，最好都进到兵工厂里。因为兵工厂的重要设备早就挪到了安全的地方，只有祝榆生的新式地雷在等着鬼子。

祝榆生和战友们趴在高高的山岗上，目送着鬼子一个个进了兵工厂，静等着看好戏。

可是十几分钟过去了，兵工厂并没有传来地雷爆炸的声音，只听到鬼子得意嚣张的喊叫声。

"怎么还不炸？"战友们想不明白怎么回事，齐刷刷扭头看向祝榆生。只见祝榆生神态如常，没有一点儿着急慌乱的样子。

咚——咚——话音未落，兵工厂那边突然传来接二连三的爆炸声。随即，战友们看见兵工厂里冒出一股股黑烟，而刚刚进去的十几个日本鬼子，只剩下几个残兵一瘸一拐地跑了出来。

嘹亮的冲锋号声响彻阵地，祝榆生和战友们发起了对鬼子的进攻。这一次，来扫荡的鬼子再也不见往日耀武扬威的气势，一个个在八路军的围追堵截下落荒而逃。

"你真是神了，快说说，你这地雷到底是个啥原理？"战斗结束后，战友们纷纷围着祝榆生追问。

58 中华先锋人物故事汇 祝榆生

祝榆生用实战验证了自己的新成果，这才将新式地雷的设计原理和盘托出。原来他在地雷最上面设计的引信是假的，下面的引信才是真的。敌人触发上面的引信后，地雷并不会即时爆炸，但会导致裹在其间的小瓶子里的硫酸流出，硫酸浸透几层牛皮纸后，再悄无声息触发最底端的引信，最终引爆地雷。因为从触发假引信到地雷爆炸会间隔一段时间，所以鬼子压根儿摸不清地雷的真假，更没法判断地雷会在什么时间爆炸。

"这个设计厉害，让诡计多端的鬼子都中了计。"战友们啧啧称赞。

"以毒攻毒，以计还计，我们就叫它'诡计雷'吧。"一位战友兴奋地提议。

"好，就叫'诡计雷'。"祝榆生爽快地说。

在后来的反"扫荡"作战中，这种"诡计雷"发挥了大作用，不但消灭了大量的敌人，也打击了敌人的嚣张气焰，让他们不敢再随便进犯根据地。

坑道爆破法

抗日战争期间，我们经常遇到"难啃的骨头"，比如炸不开的碉堡，压制不住的火力等。如果啃下来了，战斗就会摧枯拉朽一般极为顺利，倘若啃不下来，就只能跟敌人干耗着，耽搁了进攻的时间不说，还经常造成战士们极大的伤亡。不过，有一个人却专爱啃各种"难啃的骨头"，这个人就是祝榆生。

一九四五年，我军开始在各个战场上发起对日本侵略者的全面反攻。那段时间，大大小小的战事没有间断过，祝榆生的任务也更加繁重，因为祝榆生需要协助所在军区的各个部队，对敌军工事进行爆破。在几次大的战斗中，祝榆生都扮演着打响战斗"第一枪"的重要角色，因为敌人的火力网一旦被拔掉，不仅能减少我方伤亡，也能更快取得最终的胜利。所以当新四军攻打枣庄时，祝榆生也被专门抽调过来协助战斗。

那一次，攻城部队万事俱备，只等着冲锋的号角吹响。可是，就在这千钧一发的关键时刻，却遇到意想不到的大难题。攻城部队从掌握的消息获知，枣庄不但守军顽固，而且城墙比预计的厚，按照以往的作战方式难以炸开缺口。

城墙炸不开，战士就不能突入，整个攻城计划也无从展开。但如果强行冲锋，不仅毫无胜算，还会造成难以估量的牺牲。

就在攻城部队指挥部陷入两难境地的时候，祝榆生站了出来，主动请战。

祝榆生向作战部队的师长提出很具体的要求："我保证炸开城墙。不过这次爆破我需要一千三百斤炸药，少一斤也不行。"

"给你一千三百斤炸药，你就能一次性炸开城墙？"这次爆破任务事关重大，师长难免有一点儿担心。

"肯定能！如果炸不开，我愿意负战斗失利责任。"祝榆生斩钉截铁地回答。

"好！"师长要的就是这句话，"我足量给你一千三百斤炸药。"

祝榆生的信心从哪里来呢？这就要说到"坑道爆破法"。具体来说，就是战士们先打通一条地道，直达敌人的据点或者重要军事设施的底部或附近，然后再秘密运送炸药过去，配合部队在关键时刻引爆，摧毁敌人的重要据点和设施，从而帮助部队取得战斗的胜利。这个"坑道爆破法"可是当时克敌制胜最有效的办法之一，帮助我们取得了多次战斗的胜利。

但是这次的任务更加艰巨。一千三百斤炸药的体量太大，其自身就很容易成为敌人的目标，一旦炸药被击中，后果将不堪设想，所以大家有点担心这一千三百斤炸药是否可以继续采用"坑道爆破法"。

"这样太危险了！能不能等坑道掘进完成后再运送炸药？"一位战友忍不住提醒祝榆生。

"不行，人到哪里，炸药就到哪里。"祝榆生毫不犹豫地回答。

数千将士都在等着炸开城墙的消息，也在等着攻城的命令，带着炸药打地道，虽然将自己置于巨大的危险之中，但也极大节省了打通地道后再来取炸药的时间。如果为了个人安危而延误了爆炸时间，或者导致爆炸失败，将带来难以估量的严重后果。此时，祝榆生已做好了最坏的准备，只要能炸开城墙，哪怕自己随炸药灰飞烟灭也在所不惜。

好在祝榆生和战友的掘进极为顺利，当掘进的铁锹被坚硬的城砖挡住时，祝榆生和战友们欣喜地意识到，他们的地道已经挖到了城墙底下。

执行爆破任务之前，祝榆生命令其他战友迅速撤出地道。

"不行，我们得留下来帮你！"战友们不愿意祝榆生独自承担危险。

祝榆生神色决绝，再次命令道："我独自完成后续任务，你们所有人必须马上撤离！"

战友们只能听从命令，先行退出了地道。等战友们安全离开地道，祝榆生迅速引燃了炸药。

随着一声巨响，城墙被炸开了一个巨大的缺

口，而祝榆生也消失在了一片硝烟之中。与此同时，清脆的冲锋号声响彻战场。"冲呀！"攻城部队很快就冲过缺口打进了城里。

"老祝——"

"榆生——"

战友们冲到已炸开的地道处，拼命扒开砖石，一遍遍呼喊着祝榆生的名字。

"我在这里……"一个非常虚弱的声音在碎石里透了出来。只见祝榆生正从一片混杂着碎砖的废墟中艰难地向外爬。

"榆生——"战友们冲过去，紧紧地抱着浑身是土的祝榆生又哭又笑。

"我们成功啦！"

"我们攻进枣庄城啦！"

战友们急切地和祝榆生分享着胜利消息。他们每个人都是满脸的泪水，但他们的笑声却发自肺腑。他们不仅是为任务的完成而开心，不仅因为战斗的胜利而激动，也是从心底庆幸，他们没有失去这样一位好战友。

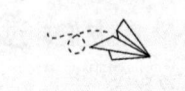

残疾不代表残废

战争从来都是残酷的,尤其是在敌我装备差距相当大的抗日战场上。祝榆生常年奋战在战争最前沿,很多次都与死亡擦肩而过,受伤更是司空见惯,但他一次都没有畏惧过。只要能为胜利做出自己的贡献,对祝榆生来说,一切都是值得的。

抗日战争胜利后,人民渴望和平,但国民党反动派公然违背"双十协定",全力围攻中原解放区,发动了全面内战。遵照毛泽东和中共中央的战略部署与作战方针,在广大人民的支持下,各个解放区的军队开始自卫反击,与国民党军队展开了大规模运动战。

在此期间,为了夺取全面胜利,上级决定组建华东军事政治大学,加快培训各级优秀军政指挥员,祝榆生也被抽调到学校担任军事教官。

"我们继续讲解迫击炮在敌前应用的战术……刚才说的内容大家理解了没有?"祝榆生像往常一样,讲完知识点后,会关注学生们的反馈。

但是教室里坐着的基层指挥员学生,没有一个人给出肯定的答复。他们有的抓耳挠腮,有的低头不语,也有的皱着眉头欲言又止。

"你说说,还有什么不理解?"祝榆生叫起一名学员。

"迫击炮的这种打法吧,我们没用过,也没见过,所以……"这位学员吞吞吐吐地回答说,"所以实在听得不大明白。"

"只有实地看一次演练,我们才能真懂真明白。"另一名学员提出了自己的想法。这个想法随即得到了所有同学的响应。

"好,那我们就把教室搬到靶场去。"祝榆生爽快地答应下来,因为他其实早就有和学员们一样的想法。

下课后,祝榆生直接向校领导汇报,希望实践操作的课程以实践操作的方式进行，因为只有"打中教，教中打"，才能让学员们真正明白应该怎么打，为什么要这么打，也才能教会学员如何在真正的战斗中灵活运用。校领导非常赞同祝榆生的想法，当即决定为学员们安排迫击炮的实弹教学。再一次上课时，迫击炮应用教学的课堂，就从教室搬到了射击靶场。

祝榆生对这次室外授课极为重视。他和同事们早早就在靶场射击点两百米外设置了地堡目标，而且还进行了多次模拟操作和走位。作为从战场上走出来的军事教员，祝榆生不仅深知教学实用性的重要，更清楚实弹射击安全的重要。

这天下午，观摩祝榆生教学的除了班里的学员，还有学校的领导和其他教员。他们分列站立在发射靶场两侧，静静地听着祝榆生的讲解。

祝榆生迎着傍晚的冷风，一边讲解动作要领，一边解释战术要求。讲课过程中，他还不失时机地结合实战中的案例，讲授在不同战场态势下迫击炮发挥的不同作用。

"好，理论讲解部分就到这里。下面，我们进行实弹射击教学。"

祝榆生站在暮色四合的靶场,就像是一位指挥着千军万马的将军。

"装填炮弹!"祝榆生言简意赅地将授课引入实弹发射环节。

"是!"一名在炮架前待命的教员闻令后,迅速起身从炮弹箱里取出一发迫击炮弹,然后捧到炮筒前,动作麻利地装填弹药。

"装填完毕!"教员用洪亮的声音向祝榆生报告。

"拉火射击!"祝榆生站在风里,目光炯炯地望向地堡目标。

祝榆生在等待着炮弹啸叫飞出,等待着那声清脆的炮响,也在等待着地堡目标灰飞烟灭的那一刻。一秒,两秒,三秒……祝榆生只听到了拉火击发的声音,随后,整个靶场便陷入一片寂静,似乎连大家紧张急促的呼吸声都听得见。

"报告,未能击发。"教员望向祝榆生,急得满头大汗。

"重新装填!"祝榆生虽然心中也有些疑惑,

但仍旧镇定自若地下达了命令。

"是!"教员取出炮弹,又重新操作了一次。

"装填完毕!"教员再次报告。

"拉火射击!"这一次,祝榆生将目光落到了炮架方向。

"是!"教员再次拉火击发,但迫击炮仍旧没有丝毫反应。

这时候,祝榆生也有些着急。他初步判定,两次未能击发的原因都是炮弹没有装填到位。他命令教员退到安全位置,与此同时,他顶替教员担任操作炮手,快步走到炮位右侧,把手伸向炮口,准备取出炮弹再次装填。

轰——就在这时,炮弹飞出炮膛,直奔两百米外的目标而去。

"命中了!目标摧毁了!"观摩的人群大声欢呼。

可是,大家很快觉察出了异样,随着这一声炮响,祝榆生倒在了血泊里。

"老祝——"

"祝老师——"

残疾不代表残废

大家震惊了，立即朝祝榆生冲了过去。这时，大家才心痛地发现，祝榆生面色苍白，浑身是血，一只手也不见了……

"快，找医生，快抢救！"在场的学校领导声音嘶哑地大喊。

那时候，学校附近还没有大医院，也没有好的医疗条件。大家只能先暂时将祝榆生送到学校的医务室，在医生进行止血抢救的同时，学校领导也紧急从几十里外的野战医院调来了外科医生。

"炮弹打中目标没有？"祝榆生终于醒来，他忍着失去右手的剧痛，虚弱地询问。

"打中了，打得很漂亮！"学校领导含泪回答他。

"那就好，千万不要因为我影响后面的教学。"勉强说出这一句话后，祝榆生再次陷入昏迷。

由于祝榆生的伤势太重，为了保住他的性命，医生不得不从肘关节以下截掉了他的小臂。手术后，祝榆生就住在学校医务室。因为设施简陋，加之医疗条件有限，虽然医生已经尽了全力，但祝榆生的伤口还是感染了，他的整个右臂都变成了黑色。医生最终只能切除了他的整条右臂。又经过了三个多月的治疗和缓慢恢复,祝榆生的伤口才大体上愈合。

祝榆生从此永远失去了右臂,这一年,他才三十岁。

又一个新武器

失去了右臂,对于祝榆生来说只是生活的一份磨难。在他看来,残疾不代表残废,他不需要被照顾,更不需要被特殊对待,他仍然可以像以前那样,为军队、为国家拼尽自己的力量,做出自己的贡献。

祝榆生已经听说,鉴于他缺失右臂的现实情况,上级经过慎重考虑,打算给他换个岗位,让他离开教学一线,或者转业到地方上,从事相对轻松的工作。所以当领导来找他谈话时,祝榆生并不觉得意外,但他的态度却很坚决:"就算少了一条胳膊,工作我也照样能做,而且保证做得和以前一样好。"

上级领导见祝榆生态度这么坚决，加上全校师生都舍不得让这位有实战经验又有研发经验的老师离开，便尊重祝榆生自己的意见，同意他继续留在学校教学。

祝榆生伤口刚刚痊愈，就支撑着虚弱的身体研读最新的军事理论书籍。同事们劝他先休息一阵子，把身体彻底养好再投入工作也不迟。祝榆生却说，住院治疗已经荒废了很多时间，如果自己再不争分夺秒地补课，怕等身体恢复后，自己已跟不上国际国内形势，也跟不上军事理论的发展了。

没过多久，祝榆生就再次走上了讲台。以前怎么讲解，现在还怎么讲解，以前怎么训练，现在仍然怎么训练，他从来没有因为失去了右臂而对自己的工作标准有丝毫的降低。只有在那么一刹那间，当学员们看到祝老师空飘飘的袖管时，才会想起来，这是一个不一样的老师，但仔细想想，却又从来都一样。

只有祝榆生自己知道，在他留给学员们坚强者印象的背后，经历着怎样的磨难。

最开始，他不得不训练自己用左手穿衣、洗

漱、吃饭、如厕……这些生活琐事，在双手健全的时候，并不觉得是个事，但当只剩下左手时，竟变得异常艰难。祝榆生一次次尝试，一次次失败，一次次坚持，用了超乎想象的付出，才勉强能够实现生活自理。但洗衣服对于祝榆生还真是个大难题，他一只手没法揉搓，也没法拧干。为了不给同事添麻烦，祝榆生创造了独属于他自己的洗衣方法：他总随身带着一个S形弯钩，单手洗完衣服后，把弯钩一头挂在水管上，另一头钩住衣服，拼尽力气用左手拧干。

当组织上要给他一些情理之中的额外照顾时，他从来都拒之不受。祝榆生多次表示：自己是一名军人，无论什么时候，都要倾其所能给部队做出贡献，而决不能给组织上添麻烦。这是一个赤子的拳拳之心，也是一位军人对于国家的最大忠诚。

伤愈后不久，祝榆生就牵头研究起反坦克枪榴弹。他已经记不清试验了多少次，又失败了多少次。祝榆生只坚定一个信念：战场上缺少什么，他就必须倾尽全力研究什么。

一九四八年秋天的一个下午，祝榆生研制出的

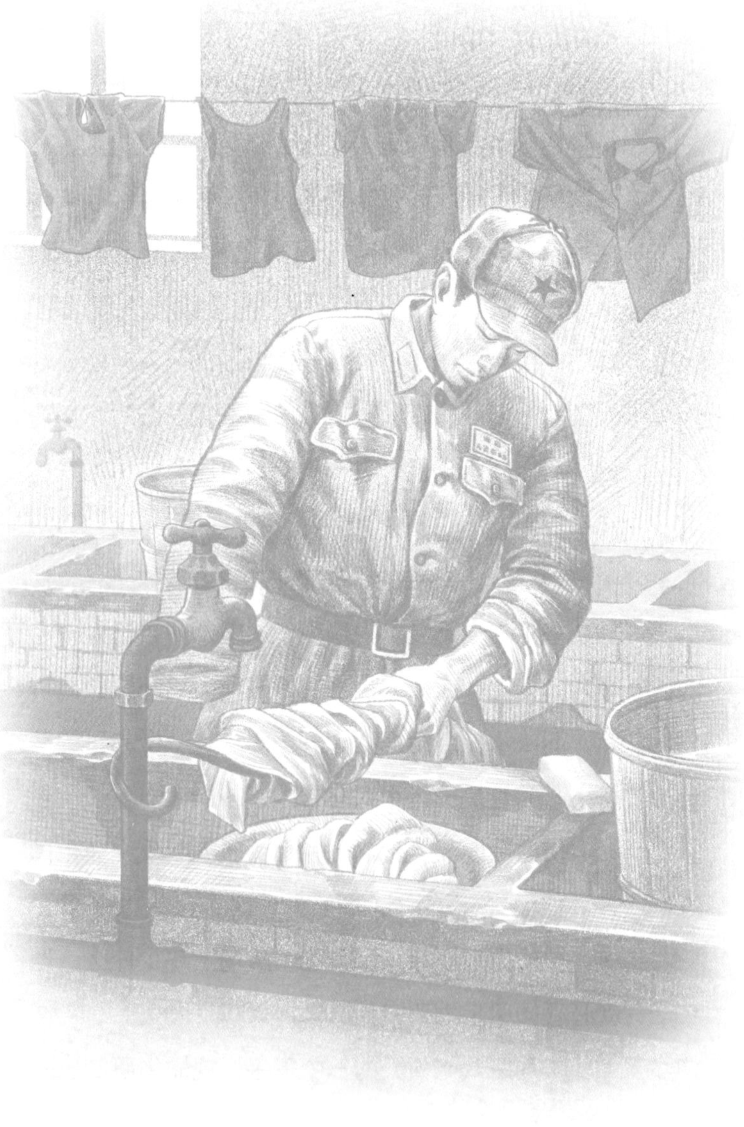

反坦克枪榴弹准备进行一场实射检验。大家都在试验场上紧张地等待着最后的结果。

"射击前准备完毕。"百米之外，射击手大声向祝榆生报告。

"按要求实施射击。"祝榆生目光笃定地下达了命令。

"是！"射击手就地卧倒，把枪精准地瞄向靶标——几块三厘米厚的钢板。

嗒嗒嗒——一连串紧凑清脆的枪声后，祝榆生带着技术人员快速跑向靶标。

"怎么样？怎么样？"所有人都急切地等待着最后的消息。

祝榆生大声向大家宣布："我们成功了！所有钢板全部打穿！"

从这一刻起，解放军部队有了自己独自研发的能打穿三厘米钢板的绝门武器。而只有战友们清楚，为了新武器研发，祝榆生克服了多少磨难。

年过四十的"兼职学生"

每个人在自己人生的不同阶段都要扮演不同的角色，有时候是子女，有时候是父母，有时候是学生，有时候是老师。祝榆生在自己的人生里也同样充当过很多角色，但他又不分外看重那些角色。为了研究新武器，为了研究新战法，为了打更多的胜仗，早已经成为军队高校领导的祝榆生，却在不惑之年，决定重回校园，再一次当学生。

新中国成立后，国家的国防建设和军队建设面临着新形势、新任务，为此，军队的员额、部署等都面临着新的调整和变化。在此过程中，祝榆生真正做到了"革命战士一块砖，哪里需要哪里搬"。

祝榆生先后在华东军政大学、第三高级步

兵学校、总高级步兵学校担任教员和领导职务。一九五九年二月,总高级步兵学校撤销,祝榆生因为有作战部队工作经历,而且屡建功勋、贡献巨大,加之他具备过硬的理论素养和军事素质,组织上决定任命他担任野战军参谋长一职。

从军校到野战军,从教员到参谋长,不管在谁看来,这都是"升官"的大好事,可是祝榆生自己偏偏不是这么想的。

"我请求不去野战军当参谋长。如果组织允许,我希望能去军校读书。"祝榆生率先亮明了态度。

"去军校读书?重新当学生?"领导实在不能理解他,"你可是个四十多岁的人了!"祝榆生的决定让领导感到匪夷所思。

但祝榆生早已打定了主意。正因为一直在军校从事教学和领导工作,他才更清楚自己将来应该做什么。祝榆生知道第二次世界大战后的世界格局和军事格局瞬息万变,武器发展日新月异,面对国防和军队建设的新情况、新任务,他感觉到自己过去在战场上所积累的知识已经远远不够用了。这段时间,祝榆生的内心升腾起一个强烈的感觉:要想为国家做出更大的贡献，必须重新回炉打造自己，学习更多、更新的武器知识。

领导忍不住问他："那——你想去哪所军校读书？"

"哈军工！"祝榆生脱口而出。

祝榆生心心念念的哈军工，就是坐落于哈尔滨的中国人民解放军军事工程学院。这所声名远扬的学校筹建于一九五二年，一九五三年破土动工，当年九月一日开始招生，是新中国前所未有的一所多军种综合性的高等军事技术大学。

这所大学也可以说是被抗美援朝的战火催生出来的。在这场战争中，中国面对的敌人可以说是当时世界上最现代化的军队。虽然我们最终取得了战争的胜利，但是中国装备落后、技术匮乏的状况也引起了国家领导人的高度重视，从那时开始，国家就决定下大力气培养我们自己的工程技术人才。由此哈军工应运而生，而它的首任院长兼政委就是赫赫有名的陈赓大将。

祝榆生早都想好了，他要去这所国内首屈一指的军事学院上学，用上那么几年时间，扑下身子、沉下心来，扎扎实实地学习武器专业知识，争取为新中国的武器现代化做出自己的贡献。

"好吧，我们支持你！"领导见祝榆生求知心切，也同意了他的想法。

就这样，在军校任过老师和领导职务的祝榆生，最终没有去当野战军的参谋长，而是一路往北，朝着憧憬的哈尔滨去了。

一九五九年四月，四十一岁的祝榆生一路上看着春天翠绿欲滴、生机盎然的景色，心里也充满了对未来学习生涯的期待，一想到很快就可以接触到最新的武器装备知识，他感觉自己浑身上下都充满了斗志。

"欢迎你来我们学院工作。"一到学校，学院政委就热情地握着祝榆生的手说。

"工作？"祝榆生满腹疑惑，"报告首长，我不是来工作的，是来学习，来当学生的。"

政委爽朗地大笑着说："不冲突。你可以一边学习，一边工作。"

直到这个时候，祝榆生才知道，就在他前往哈军工报到的时候，哈军工炮兵工程系的系主任恰好转业离队，而学院一时半会儿找不到合适的人补缺。正在发愁时，学院领导看到了学员祝榆生的简历，这可把他们高兴坏了。这个新学员既有作战部队工作经验，又在军校担任过教员和领导职务，理论素养和管理能力都有，这不正是他们要找的系领导人选嘛！于是，在祝榆生到校之前，学院领导就已经决定让他到炮兵工程系担任副主任了。

祝榆生有点无奈，又一次强调："我可是来当学生的啊。"

政委笑着说："我们这里不缺你这一个学生。"

祝榆生左右为难，他只好再次表明他的初心："我来学校，是想学习武器知识。"

"不耽误，学校的课你随便听，想学什么学什么。"政委爽快地回答。

"是！"政委这句话就像定心丸，祝榆生不再推托学校的任命。

就这样，祝榆生虽然走进了哈军工，但只不过是个"兼职学生"，仍然担负着系领导的繁重任务。即便如此，他也没有忘记自己的初心，不管系里的工作多庞杂，忙完公事之后，就立马拎起书包急匆匆匆跑到教室听课。

为了不错过听课的机会，祝榆生把全校的课程表誊抄出来，放在自己的口袋里，这样全校每天什么时间有什么课他都清清楚楚，甚至比学生还清楚，因为祝榆生想学的东西太多了，不管什么专业的课，他只要有时间都会去听。

最开始，炮兵工程系的老师们看到坐在课堂上的祝榆生，都会有些惊讶："祝副主任的精力怎么那么充沛？""祝副主任还真把自己当学生呀？"不过，随着这位"兼职学生"的身影频繁出现，老师们也就习以为常了。不仅如此，老师们还特别喜欢这个学习劲头十足的"好学生"。

祝榆生的听课状态和一般学员还真不一样，他可以说是课堂里接受知识最快的学生。祝榆生经历过实战，就算后来到了军校，也是个"实干家"。老师讲的许多武器他都用过，甚至动手改造过，所以，当老师在课堂上讲起武器的时候，他掌握得很快，理解得也透彻，以至于到后来，老师和学员们都称他是"武器知识的百科全书"。

不仅如此，祝榆生还是和老师互动最多的学

生，更是问题最多的学生。课堂上，祝榆生最爱问的就是"为什么"。

"为什么这样设计，而不那样设计？"

"为什么这种武器不再加大射程？"

"为什么这种武器不用更轻型的材料？"

"为什么没有用这种武器大规模装备部队？"

……

祝榆生的每个"为什么"都会引申出另一个新的知识点。刚开始，老师们都有点怕他问"为什么"，因为如果没有足够的知识储备，还真会被他问得措手不及。

但到后来，老师们都希望他问"为什么"，因为只有他问了，老师们才更加清楚在基本的理论讲解之外，同学们的疑惑是什么，还需要再深入地讲解什么，继而更加系统和全面地把知识传递给学生们，以至于老师每次结束一个知识点前都习惯点他的名字："祝榆生，你还有没有疑惑？"

"没有了。"祝榆生短暂思索后回答。

"好。"老师说，"接下来，我们讲下一个知识点。"

祝榆生就是凭着这种上好每一节课的坚持和弄懂每一个知识点的拼劲，补齐了武器知识的短板，为后来深入研究更先进的武器装备，打下了扎实基础。

刀枪不能入库

祝榆生补齐了武器知识的短板后，就瞄着我军武器发展的短板准备大干一番。战争年代，部队急需什么武器，祝榆生就有的放矢地设计和制造什么武器。进入和平环境后，很多人觉得研究武器已经无关紧要，关注的重心应该放到经济建设，但祝榆生始终反对"刀枪入库，马放南山"的思想，即使眼前暂时没有战争，他也没有放弃钻研现代化武器的想法。

一九五九年十一月，鉴于当时国际军事形势的变化，陈赓院长给中央军委写报告，建议将哈军工的炮兵工程、装甲兵工程、工程兵工程三个系和防化兵的三个专业，以及空军、海军工程系的机场建筑、气象、海岸炮、舰炮指挥仪、鱼雷水雷舰船消磁五个专科分别交给有关军兵种，单独成立工程学院或并入有关工程学院。这个建议很快获批并付诸实施。

一九六〇年，炮兵工程系率先与武昌高级军械技术学校合并，组建炮兵工程学院。祝榆生被任命为学院的副教育长兼训练部部长。

从这时起，祝榆生就极为关注世界各国坦克武器的发展状况。

抗战年代，日本鬼子的坦克让我们牺牲了很多战友，祝榆生为此还专门研究过一阵子怎么打坦克，并有了一些初步的成果。但随着时代的发展和科技的进步，他发现其他国家坦克的装甲防护性能越来越好，以前的许多老式炮弹都已经打不穿新型的坦克。

因此，作为炮兵工程学院主管教学和科研的领导，祝榆生敏锐地意识到，这是一个必须尽快关注和研究的新课题。世界坦克的快速发展和我国落后的反坦克武器之间的鲜明对比就像钢锥一样，时时扎在祝榆生的心里，很长一段时间他都寝食难安：

"别人在发展，我们却吃老本，这样绝对不行。"

一九六四年秋季开学后，祝榆生把学校里几位有基础、有想法、有干劲的青年教师骨干召集在一起，介绍了世界各国坦克武器的发展情况，以及我军当时编配的反坦克武器的性能，详细分析了国内外坦克武器的差距。最后，祝榆生和大家分享了自己的想法："我们必须瞄准世界前沿，发展自己的反坦克武器。"

听祝榆生讲完后，一位老师吞吞吐吐地说出自己的疑虑："这个研究上级现在能同意立项吗？"祝榆生当然理解他们的顾虑，那个时候，国家刚经历过三年困难时期，当时整个国家的各个行业和各个领域有太多急需解决的紧迫问题，如果不是"急需急用"的民生工程，估计一时半会儿很难批准上马。

"能立项最好，如果不能立项，咱们就自己干！"祝榆生斩钉截铁地说，"如果反坦克武器不能及时研制出来，我军将来在战场上必定要吃大亏。"

祝榆生很清楚，他所在的炮兵工程学院，是国家唯一开展炮兵装备科研和人才培养的高等学府。研究反坦克武器的事情如果他们不干,就没有人干了。所以,不管能不能立项,他们都得扛起这份沉甸甸的国家责任。

几个青年骨干觉得祝榆生的担心不无道理。当时,我军的反坦克武器远远落后于发达国家,尤其是团以下的火力配置极为薄弱。步兵班装备的是54式40毫米火箭筒,直射距离才一百米。步兵连即将装备的65式82毫米无坐力炮,虽说性能已经大为提高,直射距离也不过才三百米。这就意味着我们打了第一发炮弹后,说不定第二发炮弹没打出,敌人的坦克就已经跑到跟前来了。

祝榆生的想法激起大家热烈的讨论:"我们应当研制怎样一款反坦克武器?"

有人提出:"直射距离要大幅度提高。"

有人补充:"关键是破甲,最好能对敌人的装甲造成破坏性毁伤。"

有人强调:"战场环境复杂,便于携带和操作也是应当考虑的。"

就这样,祝榆生的想法得到了大家的支持,青年教师们各抒己见，畅所欲言，把对反坦克武器发展的美好期待都摆在了桌面上，也刻进了心里。

在所有人的努力下，反坦克武器系统的论证工作也拉开了序幕。

接下来的一段时间，祝榆生找来许多资料，有国外武器的最新介绍，也有我军武器现状。他一边分发给大家学习研究，一边组织大家定期讨论。

"依照大家这段时间讨论情况的汇总，我们的关注点已经不是要不要反坦克武器的问题，而是要什么样的反坦克武器的问题。现在急需解决的关键技术问题有两个：一方面，如何减轻武器重量，能够实现复杂地形环境下的'人背马驮'，并且射程达到五百米；另一方面，破甲威力要大大提高，至少穿透一百五十毫米的装甲钢板。"

祝榆生和同事们在几次碰头讨论后，形成了初步的设计方案。

刚开始，虽然他们的反坦克武器研究尚未得到国家立项，但所有人在祝榆生的带领下自愿埋头钻研，毫无怨言，然而，他们还要面对另一个现实的困难，那就是钱的问题。

由于所有的科研经费都是学校自筹，钱根本不够用，只能一分钱掰成几份用，而且校办工厂一个月只能生产出十几发炮弹，这只够一次打靶试验的数量。也就是说，祝榆生他们每个月只有一次试验的机会。

众所周知，每一种武器成功研制的背后都必然会经历很多次的失败。但是捉襟见肘的炮弹数量意味着祝榆生必须在极为有限的试验中，最大限度地解决所有可能存在的问题。这对祝榆生和同事们的理论探索和具体实践都是非常大的考验。

祝榆生把每发炮弹都看作自己的心头肉，也极为珍视每月一次实弹打靶得来的数据。每次打靶后，他都会组织大家仔细分析每一个数据，研究如何提升武器的功能性，尽可能让每一颗发出的实弹都发挥出最大的价值，尽可能通过最少的试验发现最关键的问题，推断出最准确的修改方案。

研发的初期，祝榆生和同事们接连几次试验都失败了——炮弹都未能按预定轨道向前飞行，而是刚飞出去就掉落到地上。祝榆生和同事们经过讨论，把问题一致锁定在飞行稳定性和增程火箭的点火时间上面。

解决了这两个问题之后，炮弹的直射距离果然大幅提升，达到五百米的预期目标。同事们按捺不住内心的激动："太好了，我们已经实现了一半目标！"

同事们说得没错，他们当初确定急需解决的关键问题有两个。现在解决了一个，目标自然是实现了一半。

虽然压在祝榆生心里沉甸甸的担子也终于轻松了些，但是高兴之余，祝榆生更多的是冷静："同志们，我们这才是万里长征走了第一步，还需要大家一起加油继续闯关啊！"

是的，突破射程只是研究反坦克武器的基础，接下来的破甲威力、射击密度等才是研发工作的重中之重。

一九六九年，他们正在研制中、尚未定型的反坦克武器系统"营82毫米无坐力炮"作为重点武器，参加了全军的反坦克武器试验，并取得了预期效果。之后，"营82毫米无坐力炮"被列为国家重点项目，等于有了正式的名分，也终于解决了专项经费和相关保障的问题，可以放开手脚搞试验了。

祝榆生和同事们紧紧抓住这难能可贵的机会，加大试验的频度和强度，先后解决了增程弹密集度和破甲深度的问题。增程弹密集度的增强提高了单位面积的火力攻击强度和烈度，增强破甲深度则提升了穿透更厚装甲的能力，使破甲弹的实战化水平有了大幅度提高。

与此同时，他们在研究中还发现了一个特殊情况——破甲弹的旋转速度对破甲的效果影响很大。通过多次试验，祝榆生团队进一步得出结论：破甲弹的转速越快，破甲的效果就越差，反之，转速越慢，破甲的效果就越好。以此结论为依据，祝榆生和同事们设计确定了破甲弹的最优转速。

一九七八年下半年，祝榆生带队参加了全国组织的反坦克武器汇报演示。

这天，天气出奇地好。祝榆生仰头望着天空，又低头在心里暗暗给自己鼓劲：没问题，一定会成功的！这时，现场总指挥下达了开始演示的命令。

"报告，营82毫米无坐力炮发射前准备完毕，请指示！"操炮手汇报。

"按计划发射！"主席台下达命令。

炮弹发射后，祝榆生的眼睛就不曾离开。他的目光里已经没有了最初带领大家研制时的紧张，更多的是欣慰和自信。他看到炮弹按照预定轨道快速飞行，并且成功打穿了在五百米开外放置的钢板。

"好，漂亮！"这个结果虽然在祝榆生的意料之中，但他仍然忍不住第一个鼓掌叫好。

几乎同一时间，现场传来更响亮的掌声和更多的叫好声。

一九七八年，"营82毫米无坐力炮"因其良好性能和对提升战斗力的巨大贡献，荣获当年的全国科学大会奖。至此，祝榆生破解反坦克火力难题的所有努力都开花结果。同时，中国破甲弹技术也迈出了反坦克武器研制追赶世界一流的坚定步伐。

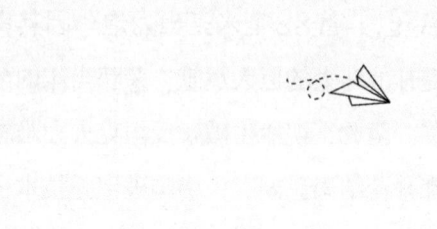

再次出马

曹操曾写过一篇《龟虽寿》,其中一句是:"老骥伏枥,志在千里。"比喻有的人虽然年老,仍有雄心壮志。这句话用在祝榆生身上最合适不过。

一九八四年,六十六岁的祝榆生也准备从"火药味"十足的紧张工作中转换到有"烟火味"的退休生活了。和他差不多年纪的同事几年前就已经享受起含饴弄孙的晚年时光,祝榆生早已经属于延迟退休了。这年年底,祝榆生办好退休手续,行李也都整整齐齐打包好,准备回到家人身边安度晚年。此时的祝榆生还不知道,他这个老将正被人"惦记"着呢。

谁在"惦记"着祝榆生呢?这就要说到我国当

时的坦克研制情况。在我国还在艰苦卓绝地研制第二代坦克的时候,世界上的发达国家都已经进入了第三代坦克的时代。

第二代坦克和第三代坦克的区别又在哪里呢?

简单区分的话,我们大致可以这样分:第一代坦克机动性较弱,火力主要采用威力较小的火炮,防护能力也很低;第二代坦克开始采用复合装甲等防护效果更好且质量较轻的装甲,而且配属火炮威力相比于第一代坦克有了大幅度提升,红外夜视仪、稳定仪等设备也开始应用;第三代坦克则采用新的装甲材料和火控系统,其火力基本是120毫米和125毫米火炮,大多装备了包括陀螺仪、弹道计算机、各种光电探测等观瞄设备,而且防御能力也有极大提升。

二十世纪八十年代初,西方许多发达国家已经用第三代主战坦克来装备部队,而我国作战部队大量装备的还是第一代坦克,第二代坦克尚处于紧锣密鼓的研制中,还没有最终定型。

从第一代到第三代,这可是整整两代的水平差距。这就好像一个小学生和一个大学生的差距。这种差距如果放到了战场上，我们的军队将付出无法计量的惨痛代价。因此，中国第三代坦克的研制任务被紧急提上日程，而确定第三代坦克总设计师人选则成为重中之重。

当时的情况是，中国的工业底子薄，攻克任何一个技术难关都要付出超乎想象的努力。因此，第三代主战坦克的研发必将是一项极为艰巨的任务，也是一次极为艰难的挑战。

这个总设计师人选不仅要有实战经验，懂战术，还需要技术过硬，熟悉武器装备，同时他还得思路开阔，敢于创新。此外，担当这样的重任，还必须有极强的协调能力和统筹能力，得是位能坐得住阵的"统帅"。这一堆严苛的标准可不是一般人能达到的。

上级组织的专家团队一个一个筛选名字，一份一份翻阅履历，选来选去，还是觉得只有已经六十六岁的祝榆生最合适。为什么呢？因为祝榆生的经历太特殊了。他先后担任过参谋、作训部长，新中国成立前共参加大大小小的战斗、战役三十多次，不仅参与了二十多项作战器材和武器的改装，而且在哈军工系统学过武器制造的理论知识。

祝榆生还有一个经历也非常关键，一九七六年开始，他从南京借调到五机部科学研究院工作，这些年里，他大量接触发动机和坦克装甲车辆等装备，也就意味着他的知识储备从最熟悉的炮弹火工扩展到整个兵器系统。这样的经历对于搞兵器的人来说至关重要，也非常难得。

就这样，六十六岁的祝榆生再披战袍，走马上任，担任中国第三代主战坦克的总设计师。这个决定不仅让很多人意外，就是六十六岁的祝榆生自己，在接到任命的那一刻，也是既激动又有些惊讶。

为国家设计出世界先进武器，是祝榆生一生的梦想，但是自己的所学能不能支撑起如此重大又艰巨的项目，能不能给这份沉甸甸的信任一份满意的答卷，祝榆生的心里有过瞬间对自己的质疑。不过，很快他就将这份担心化成更坚定的决心和动力，以必胜的信心走上中国第三代主战坦克总设计师岗位。

要打就要打胜仗

有句话说得好:"求其上者得其中,求其中者得其下,求其下者无所得。"作为总设计师,祝榆生从开始研制中国第三代主战坦克起,就树立了远大的目标。

祝榆生面临的现实情况很严峻:我们的第二代主战坦克还处于样车试验阶段,而西方先进国家的第三代坦克都已经在满世界跑了!当时中国广泛装备的59式坦克,最大时速五十公里,主炮装有一门100毫米口径的线膛炮,而德国的豹2式坦克主炮装有口径120毫米的滑膛炮。

祝榆生自接受任命以来,对面前的道路充满了信心。他坚信世上无难事,只要敢攀登。更何况祝榆生从战场走来，经历过血与火的淬炼，最是知道武器对于战争胜负的决定性作用，明白落后的装备会造成多少牺牲。所以祝榆生一次又一次强调："我们要制造的第三代主战坦克，其火力要能与世界先进坦克抗衡。"

实际上，祝榆生内心的目标可不只是"相抗衡"，他经常说的一句话就是："打个平手有什么用？要打就要打赢。"

要知道，这个"我非得把你打掉"的设计目标，与"相抗衡"的目标相比，可是一个巨大的飞跃，其研制难度大大提高。这意味着在我国坦克研发还没学会走的时候，祝榆生就想让它跑起来；不仅要跑起来，还得跑得比西方国家更快！

这个观点在当时掀起了热烈讨论，很多人认为祝榆生提出的目标有点不切实际。大家的质疑也能理解，毕竟当时中国的科研水平相对而言落后太多，能研发出与世界先进坦克"相抗衡"的坦克就已经是从"走"到"跑"的质变了，现在研发目标还要从"抗衡"提升到"打赢"，在不少人看来，这个目标有点像天方夜谭。

有人担心祝榆生之所以提出过于乐观的目标，是因为他是研究火炮出身的，对坦克了解不多。但是很多人不知道，祝榆生的"野心"其实还不止这些。比如，祝榆生坚持认为造出属于中国人自己的坦克极为重要。

祝榆生在不同场合都表达过自己的想法："不管东方西方，只要能打得赢就行。搞技术不能先画个洋圈圈把自己套住，不管是东方的，还是西方的，无论国内国外，能参考的都要参考，但反对搬这个抄那个，要研制出中国人自己的坦克。"

祝榆生不但给参研人员鼓劲加油，也实实在在探索和寻找适合中国兵器工业发展的道路。经过深入论证，在第三代坦克研制早期，他就率先提出了"总体优化、功能覆盖、系统取胜"的研制理念和"技术上螺旋上升、效益上良性循环"的运营模式，不但为研制第三代坦克提供了思路和信心，更是为开辟中国坦克的自主研制道路奠定了思想和理论基础。

"祝老最让人敬佩之处在于确立了研制第三代坦克的指导思想，使其成为我国第一个走向世界的先进坦克，使我国装甲兵有了新的撒手锏。"第三代主战坦克原副总师傅宝玉如是说。

从战场上走出来的祝榆生，就这样带着自己的坚定目标，带着自己的团队，向着未知的领域和强大的"敌人"，发起了又一次无所畏惧的冲锋。

99式主战坦克

坦克要能打,火力系统必然得很强。因此,第三代99式主战坦克的火力系统成为祝榆生最为看重的一环。

坦克的火力威力是指坦克武器在战斗中摧毁和压制各种目标的能力。而其中穿甲弹是公认的主配火力,这种炮弹的弹丸内没有炸药,依靠弹丸强度、重量和速度穿透装甲,其主要作用是穿透并毁坏敌方的装甲装备。

祝榆生亲自带队研究,一批新型号穿甲弹很快研制出来,各项指标也已达到要求。这时,祝榆生却提出了一个检验要求:"能不能在两千米距离外打一次穿甲弹,看看实际威力怎么样?"这个检验要求让使用该穿甲弹的部队人员有点意外。要知道，一般这种检验要求，应该是使用部门提出的。只不过因为试验条件复杂，检验过程有太多的不确定性，所以他们有时候不会要求必须实射。

谁能想到负责生产的祝榆生自己给自己提要求，还是如此严苛的要求。要知道，一旦试验失败，那么作为总设计师的祝榆生很有可能会被推到风口浪尖上。

但对于祝榆生来说，"万一出了问题是谁的责任"这样的问题，都不在他考虑的范围内。他认为自己需要担心的问题只有坦克本身的问题，是穿甲弹本身质量过不过硬的问题，是坦克能不能在未来的战场上帮战士们打赢战争的问题。

不久，这次极为重要的穿甲弹实射试验便在朔风凛冽的初冬举行。七十多岁的祝榆生作为技术总负责人，不顾劝阻，也早早和大家一起，长途行车到了试验场，站在凛冽寒风吹起的黄沙中，静等试验的结果。他必须亲眼看到穿甲弹的威力。

这次试验由"神炮手"王治功执行。

"第一发成功打穿。"工作人员把靶板抬到了祝榆生面前。大家的心里稍微舒了一口气。

可第二发穿甲弹还是出现了问题,大家最担心的事情还是发生了——第二发穿甲弹未能击穿靶板,只在靶板上留下了个大坑。

"穿甲弹未能穿甲,这怎么行?"祝榆生皱起眉头,喃喃自语。

此前,研究人员对这款新型的穿甲弹已经做过大量试验与技术攻关,各项指标均已达到理论要求,且性能比较稳定,谁也没想到这次本该万无一失的试验会出现如此重大的问题。

试验结束后的分析会上,所有的研究人员除了自我批评,一时间都不知道该说些什么,会议顿时陷入沉闷。

这个时候,承担最大责任和最多压力的祝榆生反而没有多说一句批评的话,他平静地说:"我觉得吧,这也是个好事。"

大家有些疑惑,都不明所以地望向祝榆生:"好事?失败了怎么能是好事?"

"最起码说明安排这次试验完全是必要的。"祝榆生看着大家说,"科学研究本来就是探索未知的工作，失败并不可怕，对失败视而不见才是最可怕的。问题是客观存在的，能及时发现问题，是我们的幸运，我们的当务之急就是剖析失败，找到背后的原因。"

祝榆生目光炯炯："大家有没有信心解决现在这个客观存在的问题？"

大家皱着的眉头瞬间舒展开了，刚刚会议室里弥漫的消沉情绪一扫而空。对啊，试验的目的不就是及时发现问题吗？作为科学研究者，最重要的不就是发现一个一个问题，据此再解决一个一个问题吗？

很快，所有技术人员都丢掉自责的情绪，转而把所有心思和精力投入到查找"穿甲弹未能穿甲"的原因上。通过比对靶板上弹丸穿过后留下的痕迹，技术人员很快发现第二个弹丸在命中靶板时，姿态发生了改变。可为什么会发生这种改变呢？经过一段时间的试验摸索，祝榆生和同事们终于找到了症结所在——穿甲弹飞行中存在烧蚀现象。

烧蚀现象，指的是速度极快的运动物体在炽热气体作用下，表面材料熔解、消失和变形的现象。

穿甲弹是一种高超声速飞行体，就像卫星的回收舱进入大气层后，会产生严重的气动加热，引起回收舱表面层燃烧一样，穿甲弹铝制的风帽与尾翼在高超声速飞行中也会被烧蚀变形，从而引起飞行姿态的变化，而恰恰是这种意料之外的变化，导致了弹头穿甲力变弱。

问题查明了，祝榆生又一次带领技术人员，继续投入到了解决烧蚀问题的攻关中。他们找到非金属材料所，研制了一种专门用于穿甲弹弹头的隔热涂层，圆满地解决了穿甲弹飞行中的烧蚀问题。

此后，祝榆生和研究人员选择了空气清爽的一天，再次组织了一次穿甲弹试验。这一次，穿甲弹完全按照预先设计的技术指标顺利发射，并完全击穿了钢板。

"成功了！"所有在场人员发出了激动的欢呼声，也终于卸掉了久压在心底的重负。

要知道，在此之前，从来没有人发现或者提出过穿甲弹飞行中存在的烧蚀问题。祝榆生团队的试验不但发现了这个新问题，而且准确地找到了原因，为之后我国的高速穿甲弹设计提供了新的科学依据。

其实，在第三代主战坦克错综复杂的研制过程中，这只不过是祝榆生团队解决的许多极为重大且关键问题中的一个。此外，祝榆生根据自己的实战经验，还提出了许多可以增加坦克在战场上的生存率的见解。比如，祝榆生要求把坦克做矮一些，这样坦克的中弹面积会变小，生存概率就变大了。再比如，祝榆生还要求把坦克的重量降下来，这样就可以提高坦克在桥梁等特殊战场环境下的适用性。

祝榆生和战友们用了十五年的时间，克服了我国工业技术基础薄弱、零部件产业落后等卡脖子而又不得不面对的困难，让我国第三代主战坦克在火力、防护、机动等指标上都实现了弯道超车，达到世界领先水平。

一九九九年十月一日，第三代主战坦克方阵在万众瞩目中气势恢宏地驶过天安门。这一天，全世界都在惊叹："中国竟然有了自主研制的世界一流坦克！"而当时很少有人知道，为了这一天的到来，祝榆生和他的战友们付出了多少汗水，经历了多少次失败，又等待了多长时间。

小饭盒

第三代坦克的研发时间紧、任务重,在此过程中,需要解决的问题更是一个接着一个,祝榆生只能把工作之外的时间压缩再压缩。

"祝总,现在正好是饭点,今天咱们是不是直接到食堂?"

这天中午,随祝榆生外出参加科技会议的司机刚把车开进单位,就见到同事们已经三三两两朝食堂走去,于是征询祝榆生的意见。

"不行,咱得先回办公室,手头还有紧要的事得办。"正在后座看文件的祝榆生连头都顾不得抬。

司机和祝榆生相处多年,他很清楚祝榆生说的

"先回办公室"的潜台词并不是"随后到食堂",而是"不去食堂"。于是,司机将祝榆生送到办公室后,又马不停蹄地拿起饭盒一路跑到食堂。所幸,打饭的窗口还没关上,让他打上了饭。

"祝总,吃饭了。"司机回到办公室时,祝榆生正一边在一张图纸上圈圈画画,一边对照图纸翻阅一沓厚厚的资料。

"这就来,这就来。"祝榆生随意地抬抬手。显而易见,他的注意力都在眼前的图纸上。

司机把饭盒放到茶几上,摆好筷子,等了半天,还不见祝榆生过来吃饭。看着祝榆生全神贯注一丝不苟的样子,司机实在不忍心打扰,但眼看饭菜就要变凉,只好再次催促祝榆生赶紧趁热把饭吃了。

"来了,来了。"祝榆生终于放下了手中的工作,人都朝着茶几上的饭菜走来了,眼睛却还不时地回望着桌子上的图纸。

"嗯,今天的伙食不错。"祝榆生终于挨着茶几坐下,刚吃上,就乐呵呵地对司机说。可司机清楚得很,饭盒里打回来的并不是什么山珍海味,而是食堂里最普通的饭菜。祝榆生从来不挑伙食，每次都是打回来什么吃什么，而且打回来的饭菜在他看来都"不错"，也因此，"伙食不错"成了他的口头禅。

祝榆生吃饭速度很快，不到十分钟就"解决战斗"。但祝榆生又总劝司机慢点吃，吃急了对胃不好。

司机既心疼又无奈："您别光让我慢呀，您自己的胃本来就不好，还吃得这么快！"

"我可慢不得，手头一大堆事呢。"祝榆生说话的工夫，就已扒拉完饭，又急匆匆地坐到了办公桌前。

"可是……"司机还想劝祝榆生几句，但见祝榆生已经进入工作状态，便止住了。因为祝榆生曾经给他算过一笔饭盒里的时间账，所以他知道这位老领导是不会改掉这个习惯的。

祝榆生像这样在办公室里将就着"吃饭盒"一直坚持了十几年。一开始司机只知道祝榆生总要求打饭回来吃，但并不知道原因，直到有一次好奇地问起，祝榆生才给他好好算了一笔账。

"你说说，如果去食堂吃饭，一顿饭平均下来得多长时间？"祝榆生饶有兴趣地问司机。

"这个嘛……"司机刚听到这个问题时有点蒙，他喃喃地估算起来，"下楼走到食堂得五六分钟。如果人少，打饭得三四分钟，遇上人多排队的话，得再加上五六分钟，吃饭少说也得十来分钟，遇上相熟的同事坐一起聊聊天，弄不好得再加上十来分钟，再走回来五六分钟……嗯，在路上还得不被其他事耽搁，我想想……"司机掰着指头算了算，"嗯，平均下来的话，一顿饭再怎么说也得半个多小时。"

"要是在办公室吃呢？"祝榆生又笑着问他。

司机这次倒是回答得干脆利落："您就没超出过十分钟，我看顶多也就七八分钟。"

"你看看，这说明什么呢？"祝榆生盯着司机。

"说明'吃饭盒'和'吃食堂'相比，一顿饭能节省二十多分钟？"司机恍然大悟。

"对喽，一顿饭省下来的时间你可能觉得并不多，但是一天三顿饭，一个月九十顿饭，省下来的时间可就多喽。"祝榆生笑着说。

"以前听人说时间是挤出来的,我还有点不理解,这回真的理解了。"司机看着祝榆生,眼神里不仅有心疼,更是充满了对这位老人的尊敬。

"没错,每个人一天的时间都一样多,就看你怎么安排,怎么用。"

祝榆生从他的小饭盒里抠出的零碎时间,一天两天来看,好像微不足道,但是时间长了,便显现出了大效益。他用这些短暂的时间处理杂事,给尚未来得及做完的工作收尾,筹划接下来的工作。日积月累,他无形中就多出了许多时间,也完成了更多有意义的工作。

"老破小"里的大作为

"祝总,您看办公室里还需要什么,您提需求,我们迅速置办。"

从一九七六年开始,祝榆生被借调到北京工作。他先是在招待所的一个十几平方米的房间内住了两年多。后来,坦克研究所给他分了一间十多平方米的办公室。按理说,有了办公室当然就得配桌子、凳子和书橱这些基本的办公家具,但是当工作人员问起祝榆生的需求时,他却不假思索地直摇头:"不用,不用,你们什么都不用管。"

工作人员见他拒绝的态度如此坚决,颇为纳闷儿,难道这个新来的坦克专家要在空荡荡的办公室里工作?他们不明所以,只能挠着头疑惑地回去给后勤领导汇报。

后勤领导来问祝榆生原因，却发现祝榆生已经自个儿把办公家具配齐了。

原来，祝榆生刚到坦克研究所就注意到所里存放报废物品的仓库，他饶有兴致地在里面转了一圈，发现这个废品仓库里的大部分物品在他看来还有"可再利用价值"。

这不，办公室一分到手，他就到废品仓库里"淘宝"去了。他的兴奋劲儿就像在古董市场捡漏儿捡到了宝贝一样。

"这个桌子不错，坏掉的桌腿钉个钉子，挨着墙角放，再用二十年没问题。"

"还有这把椅子也不错，高度配这个桌子正合适。"

"哎呀，这儿还有个好东西。"祝榆生从角落里又拽出一个沙发，随手一拍，尘土眼见着到处飞扬。

这次，祝榆生和给他帮忙的同事都没忍住，被尘土呛得猛烈咳嗽起来。

"这个沙发脏成这样，还能要吗？"同事瞅了瞅已经看不出原来颜色的沙发，欲言又止。

"咳咳……这沙发掸一掸，洗一洗，肯定还能用。你们看，这儿还藏着个靠背，配这个沙发大小也正合适。"祝榆生又从另外一处揪出来个软塌塌的靠垫。

就这样，祝榆生"自己动手，丰衣足食"，自个儿把办公家具配齐了。他的办公室只有十来平方米，几件办公家具错落有致地一放，倒也是满满当当。

就是这间办公室和这些从废品仓库"重见天日"的家具陪着祝榆生一直工作了十几年。

有一回，一位工作人员到祝榆生办公室说事情，整个讨论过程中，祝榆生的那把"古董"椅子一直相当不配合，总发出咯吱咯吱的声音，好像在申诉自己已经不堪重负了。

工作人员早就劝祝榆生换把新椅子，祝榆生总是淡然一笑，风趣地说："这把椅子当年可是我亲自请到办公室的，这些年也立下了汗马功劳，怎么可能说换就换？"

工作人员知道劝不动祝榆生，就和他商量说：

"您这椅子自己都在抱怨了,我给您缝个软垫子放上面吧,坐着也稍微舒服点,这总可以吧?"

"你呀你,总想在我的椅子上做文章。"祝榆生拧不过工作人员,只能答应了。

过了几天,工作人员果真拿了一个暗乎乎的软垫子过来,放到祝榆生的"老古董"椅子上,大小正好。这算得上是祝榆生办公室里这么多年添置的唯一一个全新的物件了。

直到一九九八年的夏天,由于天气格外热,单位考虑祝榆生年事已高,好不容易做通他的工作,要给他办公室装空调。

"这就是您的办公室?"装空调的师傅惊呆了。他知道祝榆生是这个单位的大领导,却怎么也没有想到他的办公室如此狭小,他的办公家具是如此寒酸。

可是,只要去过祝榆生家里,就不会因为他办公室的简陋而大惊小怪了。祝榆生的家在一栋二十世纪六十年代建造的楼里,位于楼房的一层。祝榆生的家不大,房间的餐厅小得刚刚能放下一张餐桌,而祝榆生最常用的书房也一样狭窄,书橱和桌椅之外的空间，仅容得下一个人小心翼翼地转身，要不然，就得撞上书桌或者书橱。

其实，组织上多次提出给祝榆生换房，但祝榆生总是婉言谢绝，连组织后来提出的重新修缮的建议，他也不肯接受。组织说服不了他，年轻的同事也理解不了。

有年轻人忍不住问："您的住房远没有达标，为什么不换个更大的？现在住着舒服不说，将来也算得上是一大笔财富呀。"

祝榆生当然懂得这个道理，但这恰恰是他拒绝的理由："广厦万间，只睡卧榻三尺，我已经很满足了，跟我一块儿参加革命的人很多都没有活到今天呢！"

见他如此说，年轻的同事算是理解了祝榆生：别人攀比的可能是待遇，而祝榆生讲的永远是贡献。因为在祝榆生心里，他一直没有忘记牺牲了的战友们，他总觉得和牺牲的战友相比，他做的事情微不足道，但是得到的东西已经太多了。

"老破小"的办公环境和生活环境并没有束缚住祝榆生，反而成为他攻克兵器工业难题的"战斗堡垒"。祝榆生正是在这令人觉得不可思议的"陋室"中，为中国兵器工业的发展和壮大建立起赫赫功勋。

胸口痛的秘密

人最宝贵的是生命,生命对于每个人只有一次。人的一生应该这样度过:当回忆往事的时候,他不会因虚度年华而悔恨,也不会因碌碌无为而羞愧。这样,在他临死的时候,他才能够说:"我的生命和全部的精力,都献给了世界上最壮丽的事业——为人类的解放事业而斗争。"

以上这段话,出自苏联作家尼古拉·奥斯特洛夫斯基的长篇小说《钢铁是怎样炼成的》。这是祝榆生的床头常年摆放着的一本书,以此激励自己再苦再难都永不放弃。这本书的书皮已经翻烂,内页已经发黄,没人知道祝榆生把这本书看了多少遍,可以肯定的是,他一定与书的作者和书中的主人公有过心灵的交流与交融。

祝榆生用保尔的精神激励着自己,也一直追随着保尔的脚步。

一九九〇年的一天,已经七十二岁的祝榆生到试验场协调第三代坦克出现的技术瓶颈问题,他把技术人员的反馈仔仔细细地记了下来,提出立刻召开现场碰头会,以尽快确定问题原因,并拿出切实可行的方案。可能是太着急,祝榆生转身转得太快,一下没站稳,打了个趔趄后重重摔在了碎石地上。

"祝总,您没事吧?"同事们吓了一跳,赶紧俯身扶他。

祝榆生摆摆手,安慰大家:"没事,我坐会儿就好。"

但是对于这个年龄的老人来说,这一跤摔得并不轻,祝榆生坐了好一会儿还没缓过来,他一边用左手捂着胸口,一边尽力地平复呼吸。过了好一会儿,他才在同事的帮助下费力地站起来。

"您必须现在就去医院。"同事们搀扶着祝榆生，提出去医院检查一下大家才放心。

"没事，我的身体我最清楚，不用检查，好着呢。"祝榆生用左手拍拍胸脯，证明他一点儿事都没有。

"那您先回招待所休息。"同事看出祝榆生的脸色不太好，不愿意让祝榆生再继续工作。

"时间这么紧，哪有时间休息！快走吧，技术碰头会时间到了。"祝榆生不由分说，率先朝着会场走去。随行的同事们知道劝不住祝榆生，只能小心翼翼地跟在他身后，做好随时搀扶他的准备。

其实，同事们的心里都理解已过古稀之年的祝榆生何以如此拼命。自从六年前祝榆生重披战袍的那一刻起，他就自压担子，把第三代坦克的目标从"追赶"升格成了"超越"。这是一个经历过战争的老兵对自己的要求，也是一位垂暮老人对军队、国家和人民的许诺。而对祝榆生来说，一诺既出，唯有全力以赴去兑现。

就像这次，七十二岁的祝榆生即便摔得脸色已经苍白，他仍然选择强忍疼痛走进会场。因为在祝榆生看来，这是一次聚集了各个领域专家的技术分

128　中华先锋人物故事汇　祝榆生

析会，大家会针对第三代坦克前期存在的问题进行集体"会诊"，所以这次会议比他的健康重要得多，他决不能错过。

这次技术分析会确实开得很成功。所有专家都畅所欲言，有的放矢。每个人先是结合自己的专业提出具体问题和个人意见，随后其他人都会积极加入讨论，围绕这个具体问题共同商量出切实可行的对策或者方案后，继而再讨论另一个话题。整场会议氛围相当热烈，一直开到傍晚，专家们的讨论仍旧热火朝天。

祝榆生一边仔细倾听，一边认真记录。此时，没有人注意到祝榆生一直默默地把胸口顶到桌沿上。直到散会的时候，大家才惊觉，不知道什么时候祝榆生好像矮下去了一大截。同事们赶紧跑到祝榆生旁边，发现他已经满头大汗，上衣的领子几乎都湿透了。

"祝总，您怎么了？是不是刚才摔得哪里不舒服？"同事们急切地询问。

"没事，就是胸口有点痛。"祝榆生尝试挺直身子，还试图掩饰自己的不适。原来，他刚才实在疼痛难忍,便把胸口抵在桌沿上以减轻痛感,没想到胸口的疼痛越来越剧烈,最后他已经无力支撑自己的身体挺起。

"赶紧去医院!"这次,大家不容分说扶起祝榆生,匆忙赶往医院。

经过一番检查,医生给出了诊断结果:"三根肋骨骨折!"

"什么,骨折?三根肋骨断裂?"

同事们不敢相信医生的诊断结果,也无法想象,眼前这个七十二岁的老人在摔断三根肋骨的情况下,到底忍着多大的痛苦,才和大家一起开了四五个小时的会。

面对同事们的复杂表情,祝榆生倒像是个局外人一样,还给大家宽起了心:"没医生说的那么严重,过几天就好了。"

"三根肋骨骨折,您得有多疼啊?您怎么不早说?"同事们又是心疼又是埋怨。

"这都是小事,咱们坦克的技术瓶颈问题才是装在我心里的大事。"

这就是祝榆生,心里只有工作没有自己。从立下目标的六十六岁到七十二岁，他上高原、进戈壁，不惧往来各个试验场的长途奔波，也不惧坦克驾驶舱内的颠簸。他总那样风尘仆仆地在路上，由于身体的原因，行走时常常控制不住平衡，多次摔倒，但是祝榆生好像从来不曾考虑过自己，在他心里，最记挂的事情永远都是：新遇到的问题解决了没有？新的技术难关攻克了没有？

也正因为有这样的祝榆生，他曾经许下的"超越"诺言才能兑现。几年后，中国的第三代主战坦克横空出世，震惊世界。其机动性能与国外先进主战坦克相当，火力则更强。最为重要的是，我国的第三代坦克在世界坦克制造史上首次采用了主动防御等系统，一经面世，即跻身世界主战坦克方阵的最前列。

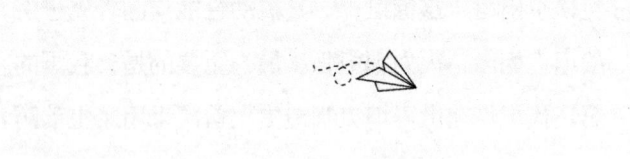

你去领奖也是任务

祝榆生见了任务就上，见了工作就拼，这在兵器工业集团众人皆知。但与此同时，大家也都清楚得很，等到任务圆满完成，工作有了成绩的时候，祝榆生偏偏就退到后面，大家在耀眼的闪光灯下难得找见他的身影。

"祝总，这个奖必须得您去领，您是总设计师呀。"这天，第三代坦克副总设计师王哲荣在祝榆生的办公室皱着眉头强调。

"你还知道我是总设计师呀？那么，你得听我的，你去领奖也是任务。"他们二人推来让去争执了半天，所说的任务不是别的，而是去领一个非常重要的奖项。

第三代坦克设计定型后，荣获二〇〇〇年度国家科学技术进步奖一等奖，在即将召开的全国科学技术大会上，项目组需要选出一个代表上台领奖。他们这会儿争论的，就是确定由谁代表第三代坦克项目组接受国家领导人的授奖。

所有人都觉得作为总设计师的祝榆生理所应当是第一人选，但祝榆生却并不这么认为，他坚持自己的意见，对王哲荣说："未来是你们年轻人的，你代表项目组领奖最为合适！"

"可是，我……"王哲荣还想推辞。

"这个事情就这么定了！"祝榆生斩钉截铁地说。

王哲荣心里清楚得很，为第三代坦克研制付出了那么多心血，望眼欲穿等待着成功的祝榆生并不是不珍视荣誉，作为八十多岁的老人，这很可能是他此生最后一次在国家最高领奖台上亮相，也是成就他功勋人生最为荣耀的时刻。但祝榆生为了坦克事业后继有人，接力前进，宁可把宝贵机会让给年轻人，让他们接受荣誉，也增长继续前进的自信和力量。

第三代坦克研制成功后，即便是在申报国家科学技术进步奖获奖人员名单时，祝榆生也不想写上自己的名字。对此，上级领导和同事们都不能接受，坚持把祝榆生的名字署在第一个。祝榆生对此却并不认同，淡然地说："工作都是大家做的，成果也都是所有人的智慧和力量的结晶。"

祝榆生的用意也很简单，申报的人员数额有限制，报了他，名单上就会少一个年轻的技术人员。他已经八十多岁了，但年轻的技术人员是坦克技术发展的火种和希望，给他们机会，就是给坦克发展储备新生力量。

祝榆生甚至在申报院士的时候，同样摆手说："不参加！"

要知道，"院士"头衔对于科技工作者来说是至高无上的荣誉，也是一生科技成就的肯定和见证，理所当然，这份荣耀也成为科技工作者追求的目标。几个老战友给他做工作："兵器工业是国家整个工业体系的特殊存在，第三代坦克又是兵器工业的骄傲，你们的第三代坦克刚刚获得国家科学技术进步奖一等奖，这是多好的机会！以你的贡献，这次申报很有希望通过。但你这次如果不参选,以后就很难有这样的机会了!"

"我都这么一大把年纪了,把机会留给年轻人吧。"祝榆生又一次风轻云淡地选择了退出。

我只是一个老兵

在祝榆生的心里，祖国的重托最大，自己只是微不足道的存在。虽然他从抗日战争到解放战争，再到兵器制造战线，在每个"战场"都建立了累累功勋，取得了一次又一次胜利，虽然他曾获"全国战斗英雄"称号并出席全国战斗英雄代表会议，立过一等功，获得过国家科学技术进步奖一等奖等数不胜数的荣誉，但是，每当有人说起他对革命事业的贡献，对国防科技的付出时，祝榆生总是摇头自谦："我算什么！我只是一个老兵。"虽然他从来都是这么虚怀若谷，但是，他为之奉献的祖国没有忘记他，他热爱着的人民没有忘记他，祝榆生去世之后，被追授"最美奋斗者"称号。

祝榆生终其一生都对物质的欲求很低，到了病重弥留之际，他还极为郑重地叮嘱子女为他上缴了最后一次三万元的党费，并且留下遗嘱："身后事一切从简，遗体捐献给祖国的医疗事业。"

这就是一个老兵对党和国家的赤胆忠心。他一心为党，为了民族解放、国家强大九死无悔，甚至惦念着身后为党和国家做最后一份贡献。

二〇一四年十月二十三日上午九时，历经革命战争和国防军工建设，一生顽强拼搏的祝榆生，因病抢救无效，永远离开了他为之奋斗一生的国防科技事业，离开了与他并肩战斗的众多同事，也离开了深深爱着他，他也深深爱着的家人。

中国第三代坦克副总设计师王哲荣和傅宝玉寄语祝榆生：

兵家士林七十秋，干戈文章两逐潮。
漠漠沙场曾断臂，朗朗学府犹若鳌。
风雨铸剑成正果，纵横谈兵摇羽毛。
见识马背穹庐乐，不信桃源更妖娆。

更多的人则回忆起与祝榆生在一起工作和交往时的点滴往事。

比如，祝榆生作为兵器工业集团"特聘科技带头人"，组织每月给他四千元津贴，他婉言谢绝；荣获"兵器工业科技发展终身成就奖"时，奖励给他的二十万元，祝榆生也是再三推辞；第三代坦克批准定型时，祝榆生说不要去搞庆功宴，因为他们所做的一切本就是应该为国家所做的事情。

大家又一次提起祝榆生的乐于清贫和严于律己。手里握着十几亿元科研经费的祝榆生，却常年窝在简易楼房的狭小办公室里熬夜加班。外出开会，只要与第三代坦克研制无关，他就坚持自掏腰包。家人从南京来北京看他，他决不允许动用公车。祝榆生无论身居何职，从来都是公私分明。

祝榆生去世后，亲人们在他的相册里发现了一封信，里面谈及女儿为他制作的相册首页里，有两首诗不妥当，他对此写道："阅后感觉首页的两首诗有赞誉之意，不应选载。古来万事东流水，何用浮名伴我身。"

好一句"古来万事东流水，何用浮名伴我身"，纵观祝榆生传奇而质朴的一生，这何尝不是这位独臂总师的自我宣言？我们深深感受到了他对党忠诚、初心不忘的政治品格，勇攀高峰、敢为人先的创新精神，身残志坚、百折不挠的顽强意志，淡泊名利、甘为人梯的高尚情怀。他用自己一生的奉献和奋斗，践行了共产党员"把一切献给党"的铮铮誓言。

在我们生活的这个伟大国度，正是因为有许许多多像祝榆生这样的英雄模范人物的存在，中国精神才能一代又一代传承，中华民族伟大复兴的壮丽篇章才得以一页又一页续写，而且永无止息，永远向前。